Reinhard Körner OCD

# Geistlich leben

Von der christlichen Art,
Mensch zu sein



benno
VERLAG

# Inhalt

# Vorwort

Das ist wohl eher was für die Geistlichen und für »Hauptamtliche« in der Kirche, mögen Sie denken, wenn Sie dieses Buch in der Hand halten, noch unentschlossen. ob Sie es sich kaufen sollten oder vielleicht auch einem Bekannten schenken könnten. Angesichts des Titels »Geistlich leben« wäre das auch gar nicht verwunderlich. Sollten Sie dennoch bis zu dieser Zeile gekommen sein, sind Sie herzlich eingeladen, weiterzulesen. Denn »geistliches Leben« hat nur scheinbar etwas mit »religiöser Elite« zu tun; es meint, was viele »ganz normale Menschen« suchen:

- im Streß des Berufs- und Familienalltags zu sich selbst finden;
- das innere Alleinsein bewältigen;
- die zwischenmenschlichen Beziehungen ordnen und vertiefen;
- eine Kraftquelle haben, um in den vielfältigen Anforderungen des bewegten Lebens bestehen zu können...;
- kurz: einen Weg finden, um vor Gott und voreinander Mensch zu bleiben und Mensch zu werden.

Das Buch wendet sich an Leser, die aus ihrem christlichen Glauben ihr Leben im Alltag gestalten wollen, sowohl an solche, die sich bereits bewußt mit Fragen des geistlichen Lebens beschäftigen, wie auch an solche, denen dieses Thema dem Namen nach noch fremd ist. Es hätte sein Ziel erreicht, wenn es Vorurteile nimmt, manchen Mißverständnissen gegenüber Klarheit bringt und ein wenig Interesse weckt für die »geistliche Nahrung«, die die Geschichte der Kirche in den Schriften ihrer »geistlichen Lehrmeister« gerade auch für Menschen unserer Tage bereithält.

Die einzelnen Abschnitte und die hinzugefügten Texte und Bilder sind jeweils in sich geschlossene kleine Sinneinheiten. Sie laden zum Nachdenken über das eigene Leben und die persönliche Glaubenspraxis ein, können aber auch gut als Grundlage für ein gemeinsames Gespräch – etwa in Gruppenstunden oder Hauskreisen – verwendet werden.
In erster Auflage erschien dieses Buch im Frühjahr 1989, vor der politischen Wende in unserem Land. In der damaligen DDR fand es schnell Verbreitung unter katholischen und evangelischen Christen. Gern habe ich dem Vorhaben des St. Benno-Verlags zugestimmt, es nun – mit einigen kleineren Veränderungen – in zweiter Auflage zu veröffentlichen. Das Schlußkapitel bildet wiederum ein Hirtenbrief des Bischofs von Erfurt, Dr. Joachim Wanke. Seine klaren Worte waren damals und sind noch heute eine wertvolle Ergänzung zu den folgenden Seiten; sie geben meinen Betrachtungen über »die christliche Art, Mensch zu sein« wohl erst so recht Aktualität und Lebensbezug.

Birkenwerder, Ostern 1997

Reinhard Körner OCD

# *Geistliches Leben –*

## *was das ist und was es nicht ist*

## Wir alle sind Geistliche

Reich verziertes Kreuz in der Apsis von Sant Apollinare in Classe bei Ravenna, Mosaik, 6. Jh.
Im Kreuz, dem zentralen Erinnerungszeichen an Tod und Auferstehung des Herrn, sah man schon in den frühen Jahrhunderten der Kirche ein Symbol für das rechte Verständnis von christlicher Frömmigkeit: Wie der vertikale und der horizontale Balken sich zu einer Einheit verbinden, so soll auch der Mensch in sich Himmel und Erde, Gott und Welt vereinen: nur wenn er sich in die eine wie in die andere Richtung hin offenhält, findet er in sich »die Mitte« – und nur so begegnet er dem wahren Antlitz Christi, der nie allein in der horizontalen und nie allein in der vertikalen Lebensausrichtung gefunden werden kann.

Die Ursachen für das landläufige Mißverständnis, geistliches Leben sei nichts für jedermann, liegen weit zurück in der Geschichte. Sie sind wohl bereits im 4. Jh. zu suchen, als Kaiser Konstantin das Christentum zur maßgeblichen Religion des Römischen Reiches erhob. Zu der Kirche der »Geistlichen«, wie Paulus noch alle Christen nennen konnte, kamen damals viele hinzu, die – weil es vorteilhafter schien – die christliche Weltanschauung annahmen, aber nicht danach handelten. So gab es bald zwei Gruppen: die einen, die »geistlich«, das heißt nach dem Geist des Evangeliums, an das sie glaubten, die andern, die »normal« lebten. Da verständlicherweise aus den Reihen der ersteren die Priester und Ordensleute hervorgingen, wurde der Name »Geistliche« schon bald auf diese eingeengt und das »geistliche Leben« den Pfarrhäusern und Klöstern überlassen. Dazu kam dann noch, daß man schließlich meinte, geistliches Leben sei das, was Priester und Ordensleute tun: Psalmen beten, lange Zeiten der Betrachtung widmen ... Und wer kann sich das schon als »normaler«, selbst gutwilliger Christ leisten?
Es ist klar, daß wir dieses alte Erbe überwinden müssen ... Wir alle sind Geistliche. Geistlich leben heißt, den Glauben ins Leben umzusetzen und dabei die Kräfte des Glaubens für den Alltag fruchtbar werden zu lassen. Die Formen werden sich freilich unterscheiden: eine Ehefrau mit vier Kindern in Berlin-Marzahn wird anders geistlich leben als eine Benediktinerin in Alexanderdorf und der Pfarrer anders als die Mitglieder seines Pfarrgemeinderates.

SALVSMVNDI
+SANCTVS
APOLENARIS

Nach Gottes Geheiss soll jede Pflanze »Frucht bringen nach ihrer Art«. Wir sind gleichsam die Pflanzen im Gottesgarten der Kirche und sollten Früchte des geistlichen Lebens tragen, ein jeder nach seiner Art und seinem Stande... Es ist ein Irrtum, um nicht zu sagen eine Ketzerei, eine Trennungslinie zu ziehen zwischen Frömmigkeit und Turnplatz, Frömmigkeit und Kaufladen, Frömmigkeit und Haushaltung.

Gewiß, eine lediglich beschauliche, klösterliche Frömmigkeit kommt da nicht in Betracht. Aber es gibt nicht nur eine beschauliche und nicht nur eine klösterliche Frömmigkeit. Es gibt so viele Frömmigkeiten, als es Berufe gibt. Sie bilden eine Einheit mit jedem Berufe ...

Zurückgezogenheit ist gewiß gut für die Vollkommenheit – aber viele haben dort ihre Vollkommenheit verloren. Das Geräusch des öffentlichen Lebens ist auf den ersten Blick nicht günstig für das religiöse Leben; aber viele haben es dort geübt und zu fruchtbarer Entfaltung gebracht... Was folgt daraus? Daß es nicht darauf ankommt, wo wir sind.

Überall können und sollen wir nach Vollkommenheit streben.

*Franz von Sales*

## Das Motiv aus anderer Perspektive

*Warum* geistlich leben? Vielen Lesern wird das keine Frage sein. Der Wunsch nach Verinnerlichung, nach Glaubensvertiefung und nach einem Leben, das vom Oberflächlichen zum Wesentlichen findet, ist unter den Christen unserer Gemeinden stark geworden. Eine lange Abhandlung könnte man schreiben und doch nicht fertig werden mit der Darlegung all der Gründe und Argumente, all der Motive für ein geistliches Leben. Letztlich ist es wohl eine Tatsache, daß wir aus den Kinderschuhen unseres Glaubens nur herauswachsen, wenn die Glaubenswahrheiten beginnen, unser Leben zu prägen. Erst wenn »die Liebe Gottes« eine Liebe zu *mir* wird, »die Erlösung des Menschengeschlechts« *meine* Befreiung aus *meinen* Zwängen, »der barmherzige Vater« der Vater *meiner* fehl gelebten Vergangenheit und Gegenwart, wenn »das ewige Leben« die Zukunft *meines* Lebens wird und die »Gemeinschaft der Heiligen bei Gott« auch *meine* Freunde und *meine* Feinde meint, erst wenn Gott von einem nebulösen »Er« zu einem persönlich ansprechbaren »Du« wird – erst dann macht Glauben Freude. Die Gebote und all die Normen, mit denen die Kirche dem modernen Menschen scheinbar das Leben schwer machen möchte, hören dann auf, eine Last und eine Zumutung zu sein. Sie tauchen in ganz neues Licht und entpuppen sich als Wert und als Hilfe, in denen die Kirche die Erfahrung derer weitergibt, die den Weg des Glaubens gegangen sind und die wußten, was Menschsein kostet.

Gerade die Großen des geistlichen Lebens haben die Notwendigkeit eines in den Alltag umgesetzten Glaubens für sich selbst und für die Menschen ihrer Zeit klar gesehen. Aber sie hatten auch ein Motiv, das heute im allgemeinen so vergessen ist, daß es uns recht neu, ja sogar befremdlich vorkommt: Sie pflegten geistliches Leben nicht nur um ihrer selbst, also um des Menschen willen, sie dachten dabei auch an Gott. Sie dachten ihren Glauben zu Ende und zogen daraus die Folgerungen: Wenn Gott DIE LIEBE ist und jeder einzelne Mensch eine Erfindung göttlicher Liebe, dann hat Gott ein Interesse am Menschen und wünscht sich die Gemeinschaft mit ihm. »Gottes Sehnsucht ist der Mensch«, ruft Augustinus nach vorn in die Jahrhunderte hinein, er will sagen: Gott sehnt sich nach dir wie sich ein Liebender nach der Geliebten sehnt. Daß Gott das freilich eigentlich nicht nötig hätte, macht das Geheimnis nur um so größer. Thomas von Aquin besingt Gott als den »Pelikan der Liebe«, der seinen

Vergrößerte Wiedergabe einer Federzeichnung des hl. Johannes vom Kreuz, die er während seiner Tätigkeit als Schwesternbeichtvater in Ávila (zwischen 1572 und 1576) anfertigte und einer Karmelitin für die persönliche Meditation schenkte. Das Bildchen, im Original etwa 4 × 6 cm groß, war lange Zeit verschollen und ist erst 1926 in Ávila wieder aufgefunden worden. Hier die beiden möglichen Betrachtungsweisen.

Jungen den eigenen Leib zur Nahrung gibt, um sie am Leben zu erhalten. Die Heiligen aller Jahrhunderte nennen Gott »Bräutigam«, »Freund« und »Gatte«, weil sie so noch am ehesten ausdrücken können, was in Gott vorgeht. »Gott ist krank vor Liebe«, sagt Therese von Lisieux. Die heilige Mechthild, Angehörige einer geistlichen Laiengemeinschaft im mittelalterlichen Magdeburg, redet ihn an mit den Worten: »Du brennender Gott in deiner Sehnsucht!« – auch sie weiß: »Gott ist allzeit liebeskrank nach mir.«
Johannes vom Kreuz sagt mit einer

Federzeichnung, was das tragende Motiv seines geistlichen Lebens war: In einer ungewohnten Perspektive läßt er den Betrachter auf den Gekreuzigten schauen, von oben her, aus der Perspektive Gottes. So sah am Karfreitag der Vater den Sohn ... Der Vater sieht zu, wie der Sohn zu Tode gequält wird. Das bringt er nur übers Herz, will Johannes sagen, weil er die grenzenlos liebt, die Jesus töten. »So sehr hat Gott die Welt geliebt, daß er seinen Sohn für uns hingab« (Joh 3,16). Der Theologe H. U. v. Balthasar ist mit Berufung auf die Kunsthistoriker der Ansicht, daß diese Zeichnung so gedacht ist, daß man sie auch um 90 Grad gedreht betrachten kann, also so, daß die Kreuzesbalken horizontal liegen und der daranhängende Leib mit dem Kopf voran nach unten stürzt, hinab in das »Reich des Todes« (Glaubensbekenntnis). Dann sagt das Bild: Christus stürzt dem Menschen nach bis in die tiefsten Tiefen, bis an den Rand der Hölle, um ihn einzuladen, mit ihm und den Brüdern im Reich der Liebe seines Vaters zu leben.
Die Großen haben geistlich gelebt und Zeit und Kraft dafür gefunden, weil sie nicht nur an sich und auch nicht nur an ihren Nächsten dachten, sondern zu allererst versuchten, sich in Gott hineinzuversetzen. Ihr geistliches Leben war Antwort auf die Erkenntnis, daß Gott sich aus Liebe ihrer Liebe bedürftig gemacht hat.

Das einzige Verbrechen, das Jesus von Herodes zur Last gelegt wurde, war, daß er verrückt sei. Und ich urteile wie er. Ja, es war verrückt, die armseligen, kleinen Herzen von Sterblichen aufzusuchen... Er, dessen Gegenwart die Himmel nicht fassen können!

Er war verrückt, auf die Erde zu kommen, um Sünder heimzusuchen und sie zu seinen Freunden, zu seinen Vertrauten, zu seinesgleichen zu machen; er, der mit den beiden anbetungswürdigen Personen des Dreieinigen Gottes vollkommen glücklich war! ...

Nie werden wir für ihn jene Torheiten begehen können, die er für uns beging. Unsere Handlungen verdienen diesen Namen nicht; denn sie sind allzu vernünftig und bleiben weit unter dem, was unsere Liebe vollbringen möchte. Die Welt ist also verrückt, da sie nicht weiß, was Jesus getan hat, um sie zu retten. Sie ist ein Wucherer, der die Menschen verführt und sie zu Brunnen lenkt, die keine Wasser haben.

*Therese von Lisieux*

## Zwei verbreitete Mißverständnisse

Es gibt Worte, deren Bedeutung man eigentlich nur dadurch erklären kann, daß man zugleich sagt, was sie meinen und was sie nicht meinen. Das gilt erst recht, wenn sie durch Mißverständnisse belastet sind. Dazu gehören etwa »Liebe«, »Glaube«, »Friede« – und auch »geistliches Leben«. Um zu zeigen, was geistliches Leben ist, müssen wir also auch sagen, was es nicht ist.

### Nicht Flucht vor dem Leben, sondern Kraftquell zum Leben

Mancher Christ unserer Tage mag Scheu vor allzu viel Frömmigkeit haben. Er möchte keine »fromme Helene« werden. Geistliches Leben steht unter dem Verdacht, Rückzug aus der Welt zu sein, Flucht aus den Pflichten des Berufes und der Familie in eine religiöse Romantik und Schwärmerei. Anlaß zu solchem Mißverständnis wurde und wird genug gegeben. Streß und dauerndes Angefordertsein durch die verschiedensten Probleme unserer Lebenssituation verleiten nur zu gern zum »Aussteigen« und zur Flucht aus dem Alltag - auch zur Flucht in die Religion, in ihre alten (und modernen) Gesänge zum Beispiel oder in das Gemeinschaftserlebnis, in die «Entleerung« meditativer Versenkung, in die Gefühlswelt einer falsch verstandenen Innerlichkeit...So verständlich solche Fluchtwege sind – sie entspringen ja immer der Not eines an Liebes- und Sinnerfahrung mangelnden Herzens –, mit geistlichem Leben haben sie wenig zu tun. Im Gegenteil zeigen sie nur auf, wie dringend der Mensch dessen be-

Das Radsymbol des hl. Bruders Klaus von Flüe, überliefert durch einen frühen Biographen um 1487 im »Traktat des Pilgers«.

darf, was die Lehrer des Glaubens »geistlich leben« nennen.
Bruder Klaus von Flüe, des Lesens und Schreibens unkundig, malte mit ein paar Strichen auf, was er unter geistlichem Leben verstand: Mitten im Quadrat, dem Symbol für die Welt mit ihren »Ecken und Kanten«, dreht sich ein Rad, ein Ring, der durch Speichen mit einem Mittelpunkt verbunden ist – Symbol für den Menschen, der eine »Mitte« hat, von der her seine ganze »Peripherie« zusammengehalten ist. Bruder Klaus war Realist. Er wußte, daß man weder aus der Welt fliehen noch sie »zum Kreis biegen«, also ihr die Ecken und Kanten nehmen kann. Aber er wußte auch, daß man inmitten dieser Welt die Erfahrung des »Runden«, des Heilenden und Vollkommenen machen kann, ja daß das »Achten-Laufen« in dem Maße aufhört, wie die Speichen, die Verbindungen zur »Mitte«, intakt sind. Diese »Mitte« hatte er mit seinem Denken in Gott gefunden;

Die Meditationstafel des hl. Bruders Klaus von Flüe, die um 1480 von einem oberrheinischen Meister – vermutlich auf Anregung von Bruder Klaus – geschaffen wurde und dann dem Einsiedler über längere Zeit als Betrachtungsbild in der Ranftklause diente. Bruder Klaus nannte sie sein »Buch«, darin er in der »Schule des Heiligen Geistes« lerne. Durch die reiche Symbolik und die innere Gesamtstruktur ist dieses Bildwerk in der Tat ein einzigartiges »Lehrbuch« des geistlichen Lebens, das in sich die Grundzüge der geistlichen Erfahrung und der mystischen Theologie am Ausgang des Mittelalters zusammenzufassen vermochte. Es ist ein Bild, an dem man bis heute etwas vom rechten Verhältnis zu sich selbst, zur Welt und zu Gott lernen kann.

mit dem Verstand erkannte er ihn als die letzte Ursache von allem, als das, »was die Welt im Innersten zusammenhält«. Mit seinem Herzen erfuhr er diese »Mitte«, wenn er sich Gott vergegenwärtigte, einzelne Glaubenswahrheiten sinnend und »schauend« betrachtete, sich in Jesus Christus – vor allem in den leidenden, Kreuz tragenden – hinein»lauschte« oder sich der inneren Freude überließ, bei Gott ein wenig ausruhen zu dürfen. Aus dem Radsymbol wurde später das Meditationsbild, das in den letzten Jahren als Hungertuch bekanntgeworden ist. Der Mittelpunkt ist dort zu einem Menschenantlitz geworden. Das will sagen: In der Verbindung mit der »Mitte« erst bist du Mensch. Geistliches Leben war für Bruder Klaus der Weg, um Mensch zu sein, Mensch mitten drin in der Welt. (Daß gerade dieser Mann mit fünfzig Jahren Haus und Hof verließ, um in der Einsamkeit zu leben, geschah nicht aus Weltflucht, sondern aus Gehorsam gegenüber einer ganz speziellen Berufung zu einer besonderen Aufgabe – mitten in der Welt.) In seiner letztendlichen Deutung ist das Menschengesicht das Antlitz Christi, das einladend, fast ein wenig traurig, weil die Einladung nicht gehört wird, sagen will: »Kommt alle zu mir, die ihr euch plagt und schwere Lasten zu tragen habt. Ich werde euch Ruhe verschaffen« (Mt 11,28).

Das gleiche Bild verstand der Evangelist Markus mit Federstrichen aus dem Leben Jesu zu malen:

»Am Abend, als die Sonne untergegangen war, brachte man alle Kranken und Besessenen zu Jesus. Die ganze Stadt

S mateus
Dis warhaftige exemplar
Dem idigen B. Gauien zwar·
Wunderbarlich erschinen ist
Vor welchem er zuo ieder frist
Andechtigclich gebettet hat
Ohngfar ·70· Jar verloren wardt
Durch drapuciner zwegen bracht
In procession mit andacht
Herlich an sin orth tragē war
Als man zalt ·1608· Jahr

war vor der Haustür versammelt, und er heilte viele, die an allen möglichen Krankheiten litten, und trieb viele Dämonen aus. Und er verbot den Dämonen zu reden, denn sie wußten, wer er war. *In aller Frühe, als es noch dunkel war, stand er auf und ging an einen einsamen Ort, um zu beten.* Simon und seine Begleiter eilten ihm nach und sagten ihm: Alle suchen dich. Er antwortete: Laßt uns anderswohin gehen, in die benachbarten Dörfer, damit ich auch dort predige, denn dazu bin ich gekommen. Und er zog durch ganz Galiläa, predigte in den Synagogen und trieb die Dämonen aus« (Mk 1,32–39).

Ein Leben voller Bewegung, Zuwendung, Angefordertsein – und mittendrin die Radnabe, von der her sich alles ordnet: »In aller Frühe ...« – Wir brauchen die Verbindung zur »Mitte«, damit unser Lebensrad sich drehen kann. Dort finden wir die Quelle, aus der unser Reden die Überzeugungskraft, unser Tun die Heilkraft erhält. Wer wahrhaft geistlich zu leben versucht, tut es gerade aus Verantwortung für die Welt.

Du möchtest ein geistlicher Mensch sein Philothea. Denn du bist Christ und weißt, daß die Frömmigkeit Gott sehr wohlgefällt. Darum mußt du von vornherein wissen, was eigentlich Frömmigkeit ist. Denn wenn man im Anfang einer Sache auch nur ein wenig vom Rechten abweicht, so treten in der Folge die Fehler immer deutlicher hervor und sind am Ende nicht mehr gutzumachen. So ist es auch im religiösen Leben: Es gibt nur eine echte Frömmigkeit; falsche und törichte hingegen gibt es viele. Wenn du eine falsche vor Augen hast, kannst du das Opfer einer bösen Täuschung werden und gar Gefallen finden an einer läppischen, abergläubischen Frömmelei, dem Zerrbild wahrer Frömmigkeit. Die Gefahr liegt nahe, daß jeder sich seine Frömmigkeit auf seine Weise ausdenkt, nach seinem heimlichen Wunsch und nach seiner Vorstellung ...

Wahre, lebendige Frömmigkeit beruht auf Gottesliebe. Ja, sie ist nichts anderes als ein gewisses Maß von Gottesliebe..., nichts anderes als eine gewisse Frische und Regsamkeit, wodurch die Liebe in uns gern und behende ihre Werke tut ... Die Welt, die nicht unterscheidet oder nicht unterscheiden will zwischen Echtem und Unechtem, regt sich über »die Frömmigkeit« auf – die doch mit solchen Verzerrungen nichts zu tun hat.

Die Wahrheit ist, meine Philothea, daß echte Frömmigkeit nichts Gutes verdirbt, sondern alles verschönt und vollendet. Und wenn du einen Menschen siehst, der durch die Frömmigkeit in seinem gottgegebenen Beruf gehindert wird, so kannst du sicher sein, daß es eine falsche Frömmigkeit ist.

Je mehr ein Mensch aus Religion und Frömmigkeit eine Einheit zuwegebringt, um so liebenswürdiger ist er, und um so leichter und selbstverständlicher ist ihm die Sorge für seine Familie, um so herzlicher die Liebe zwischen Mann und Weib, um so treuer das Verhältnis zwischen Untergebenem und Höherem, kurz, um so freundlicher und schöner geht es zu in jedem Pflichtenkreis.

*Franz von Sales*

## Nicht »geistliches Leben«, sondern geistlich leben

Graphische Wiedergabe des Fußboden-Labyrinths in der Kathedrale zu Chartres, 12. Jh. Das Labyrinth gehört zu den religiösen Ursymbolen der Menschheit. Es hat die Eigenart, direkt auf das Unbewußte zu wirken und im Betrachter eine Mischung von Angst und Hoffnung zu erwecken – so, wie er beide Regungen auch gegenüber seinem eigenen Inneren empfindet: Angst, sich im »Labyrinth« der Gefühle und der Strebungen zu verlieren, und zugleich Hoffnung und Ahnung, daß nur aus dem Inneren der Seele heraus Heilung fließen kann. Seit dem 4. Jahrhundert wird daraus ein christ-

Eine Reihe weiterer Mißverständnisse – sie sind vor allem unter Priestern und Ordensleuten und deshalb auch unter den Laien unausrottbar verbreitet – rühren daher, daß man geistliches Leben als etwas neben dem »normalen Leben« versteht. Der Tag wird in eine kurze Zeit für das »geistliche Leben« und in die langen Stunden des arbeitsreichen Alltags geteilt.

Geistliches Leben ist mehr. Es ist nicht nur Teilbereich des Lebens, sondern eine Art und Weise, das Leben überhaupt zu leben. Die Zeiten, die ausdrücklich dem Gebet und der Besinnung dienen, sind dabei notwendiger Bestandteil eines solchen Lebens, aber sie machen es allein nicht aus. Es geht nicht darum, einem »geistlichen Leben« Platz einzuräumen, sondern *das Leben geistlich zu leben.*

Das heißt dann:

– ich versuche über den ganzen Tag hinweg mit Christus zusammen zu sein, also nicht mehr einsam mit mir allein, sondern in innerer Zweisamkeit zu leben – so wie auch er nicht nur in der Zurückgezogenheit, sondern *immer* mit dem »Abba-Vater« verbunden war;

– ich betrachte Gott als einen ganz real existierenden, wirklich anwesenden Partner und Freund und achte darauf, den ganzen Alltag in all seinen Ereignissen, Begegnungen und Pflichten mit ihm gemeinsam zu verbringen;

– ich sorge nicht mehr ängstlich darum, mein Tagesprogramm zu erfüllen, sondern lebe mehr in der Haltung des aufmerksamen Beobachtens, welchen »Plan« Christus heute hat und wie und wo er mich dabei braucht.

Geistlich leben heißt, das Leben in all seinen konkreten Belangen aus dem Geist Jesu zu sehen. Die geistlichen Lehrmeister der Kirche wehrten sich immer dagegen, Aktion und Kontemplation – Arbeit und geistliches Leben – zu trennen. Beides muß ineinsgehen, um christlich zu sein. Unser Glaube bekommt dadurch Lebendigkeit, und unser grauer Alltag wird zum Abenteurerleben, unsere Aktivitäten haben mehr wirklichen Nutzen für die Mitmenschen, und das Wort von der »Freude der Kinder Gottes« wird ein wenig mehr Erfahrung.

liches Symbol, das dem Glaubenden sagen will: Im Vertrauen, daß Gott die Tiefen des Herzens kennt und auf dem »Grund der Seele«, dem Zentrum des Labyrinths, liebend und barmherzig wartet, kann der Weg nach innen gewagt werden. Kirchenlabyrinthe – wie dieses größte in der christlichen Kunst mit einem Durchmesser von 12 m, in das man buchstäblich hineingehen kann – sollten zur Hinkehr nach innen einladen, um dort den Halt und den Angelpunkt zu finden, der aller Aktion erst Kraft und Ordnung gibt.

Es ist ein grosser Irrtum zu glauben, die Zeiten des Gebetes müßten sich von den anderen Zeiten unterscheiden. Wir sind in gleicher Weise verpflichtet, uns mit Gott in der Zeit der Arbeit durch die Arbeit wie zur Zeit des Gebetes durch das Gebet zu vereinen.

Mein Gebet ist nichts anderes als der Gedanke an die Gegenwart Gottes...

Wir müssen während unserer Arbeit und unserer sonstigen Tätigkeit, selbst wenn wir lesen oder schreiben, auch wenn es sich um geistige Dinge handelt, ja sogar während äußerer Andachten und unserer gesprochenen Gebete, ab und zu, sooft wir können, einen kleinen Augenblick innehalten, um Gott im Grund unseres Herzens anzubeten und uns an ihn wie im Vorübergehen ganz geheim zu erinnern. Wenn Sie wissen, daß Sie alles vor dem Angesicht Gottes tun und daß er sich im innersten Grund Ihrer Seele befindet, warum wollen Sie dann nicht wenigstens von Zeit zu Zeit Ihre äußere Beschäftigung und selbst Ihre mündlichen Gebete unterbrechen, um ihn innerlich anzubeten, ihn zu loben, ihn um etwas zu bitten, ihm Ihr Herz anzubieten und ihm dankbar zu sein? Was kann Gott lieber sein, als wenn wir auf diese Art im Laufe des Tages ungezählte Male die Geschöpfe verlassen, um uns in unser Inneres zurückzuziehen und ihn zu verehren, zumal dadurch die Eigenliebe vernichtet wird, die nur unter den Geschöpfen bestehen kann und von der uns die innere Rückkehr zu Gott unmerklich befreit.

*Bruder Lorenz*

## Die Wissenschaft vom Menschwerden

Man müht sich und plagt sich: Wozu das alles? Man sorgt sich, man plant, man sucht, man lacht, und man weint: Wozu das alles? Eine gefährliche Frage. Sie lauert im Hinterhalt und wartet, daß sie zuschlagen kann: beim Erwachen am Morgen im Angesicht der bevorstehenden Tageslast oder wenn Erfolg ausbleibt und Hoffnungen sich nicht erfüllen – und dann, wenn die an Betriebsamkeit gewöhnten Gedanken einmal unbeschäftigt sind. Wozu das alles? Wer so fragt, steht dem, was »geistlich leben« heißt, schon sehr nahe. Es kommt allerdings noch auf die Antwort an, die er darauf gibt.

Die Vorbilder und Lehrmeister des geistlichen Lebens in unserer zweitausendjährigen Kirchengeschichte haben die Antwort aufgegriffen, die in der Heiligen Schrift gegeben wird: Wir liegen in »Geburtswehen«, wir alle und die gesamte Schöpfung, und sind unterwegs zum Leben bei Gott (vgl. Röm 8,19ff) – dafür das alles! Die »Großen« hatten ein Ziel vor Augen, und im Lichte dieses Zieles konnten sie ihr Leben deuten, ihre Nöte und ihre Freuden, ihr Suchen und Sehnen, ihre Kämpfe und ihre Siege.

Das »ewige Leben« war für sie mehr als ein Trost, daß es nach dem leider unvermeidlichen Tod ja irgendwie weitergehen wird, es hatte einen faszinierenden Reiz. In ihren Schriften weisen sie immer wieder darauf hin, daß der Mensch nach den Aussagen des Neuen Testamentes dazu berufen ist, am Leben Gottes teilzunehmen. Johannes vom Kreuz scheut sich nicht zu sagen: »Was Gott erstrebt, ist uns zu Göttern durch Teilhaben zu machen.« Er wiederholt damit nur, was

die Theologen in den fünfzehnhundert Jahren vor ihm zu sagen nicht müde wurden. Wie Aschenputtel an der Seite des Prinzen die Königin des Reiches wird, so soll der Mensch an der Seite Gottes »Gott« werden – einfach aus Liebe, weil Gott Freude daran hat, ihn so reich zu beschenken. So wie er soll ich werden, so zuwendungs- und liebesfähig, und teilnehmen soll ich an dem Abenteuerleben der Liebe, das der Vater, der Sohn und der Heilige Geist miteinander leben – und nicht nur ich, sondern mit mir alle Welt (ausgenommen nur, wer das auch im Angesicht des barmherzigen, mit ausgebreiteten Armen einladenden Gottes selber nicht will). Zum Hochzeitsfest des faszinierendsten Bräutigams sind wir geladen, aber nicht als Gäste, sondern wir alle zusammen als seine »Braut«.
Es mag etwas hoch angesetzt erscheinen, wenn man so auf die Frage nach dem Wozu und Wofür antwortet. Wir sind solche Worte nicht gewohnt. Selbst in der kirchlichen Verkündigung sind sie heute selten. Die Meister des geistlichen Lebens hatten den Mut, groß über den Menschen zu denken. Sie nahmen die Botschaft, die Jesus vom Sinn und Ziel des menschlichen Lebens brachte, in ihrer ganzen Größe und auch Radikalität an. Daß sie gelungenes, strahlendes Menschsein vorleben konnten, liegt darin begründet, ebenso der »Erfolg« ihrer Seelsorge und Menschenführung. Sie wußten, wohin sie gehen und wohin sie begleiten und führen. Weil sie um das Ziel wußten, verstanden sie auch den Weg. Wir Menschen sind noch nicht so, wie wir einmal sein sol-

len, wir gehen noch der »Vollendung« entgegen, sagen sie. Der Prozeß unserer Erschaffung ist noch nicht zu Ende. Gott formt und baut noch an uns. Unser ganzes Leben mit seinem Auf und Ab ist ein Reifen und Werden, ein »Umformungsprozeß« auf das Ziel hin, wie Johannes vom Kreuz sagt. Auf den Einwand, warum Gott den Menschen dann nicht gleich vollendet erschaffen habe, antworten sie: Weil er möchte, daß der Mensch das Leben der göttlichen Liebe mitlebe und weil das nur möglich sei, wenn dieser es selber will und frei ja sagt zu solch einem Angebot. Marionetten können nicht lieben. Gott mußte uns die Möglichkeit geben, das wesentlichste Stück unserer Erschaffung selbst mitzuvollziehen: die Formung des himmlischen Menschen, von dem das Neue Testament sagt: »Wir werden Gott ähnlich sein« (1 Joh 3,2). Wir sind auf Erden, um so lieben zu lernen, wie Gott liebt, so frei und heil zu werden, wie Gott frei und heilig ist, so zuwendungsfähig für jeden anderen, wie Gott sich zuwendet zu jedem Du. Sich diesem »Umformungsprozeß« bewußt aussetzen, das ist geistliches Leben. Nicht eine besondere Mentalität, eine »meditative Veranlagung« oder besondere äußere Lebensbedingungen sind demnach für ein geistliches Leben nötig, sondern zuallererst Ehrlichkeit gegenüber sich selbst (die Alten nannten das »Demut«) und die Einsicht, daß es gut ist, ständig umdenken, sich hinterfragen und ändern zu müssen (»Selbstverleugnung«, »Absterben«, »Loslösung« sagte man dazu). Die Erfahrungen, die die geistlichen Lehrer dabei an sich selbst und in der Begleitung und Führung anderer machten, wurden zu Bausteinen für eine Wissenschaft vom geistlichen Leben. Seit dem 17. Jh. nennt man sie *Mystik,* ein leider mißverständlich gewordenes Wort, das daher heute meist durch »Spiritualität« oder »Geistliche Theologie« ersetzt wird. Wenn auch jeder Lebensweg einmalig verläuft, so gibt es doch gewisse allgemeine »Gesetzmäßigkeiten« auf dem Weg zum Leben bei Gott, um die zu wissen gut ist, damit man sicherer geht und einander besser begleiten kann. Näher betrachtet, sind sie nichts anderes als die Anweisungen, die Jesus in den Evangelien selber lehrt, nur durch eine vielfache praktische Erfahrung illustriert und bereichert. Auch darin besteht eine Not unserer Zeit, daß zu wenige da sind, die sich in dieser Wissenschaft auskennen.

Es ist beklagenswert, so viele Menschen zu sehen, denen Gott Gaben und Gnaden verleiht, damit sie vorankommen, und faßten sie Mut, so erreichten sie diesen hohen Stand (der ständigen inneren Verbundenheit mit Gott); sie aber bleiben bei ihrer niedrigen Weise, mit Gott zu verkehren, weil sie es nicht anders wollen oder wissen oder niemand da ist, sie auf den Weg des Lassens dieser Anfänge zu führen...

Es gibt Seelenführer und Beichtväter, denen Licht und Erfahrung auf diesem Weg mangelt. Sie pflegen daher solche Menschen mehr zu behindern und zu schädigen, als ihnen voranzuhelfen. Sie gleichen den Erbauern Babylons, die, weil sie einander nicht verstanden, nicht geeignetes, sondern ungeeignetes Material herbeitrugen, und so kam nichts zustande. Es ist hart und mühsam, wenn ein Mensch in solcher Verfassung sich selbst nicht begreift und niemanden findet, der ihn verstünde. So kann es (z.B.) geschehen, daß Gott eine Seele den Höhenpfad dunkler Beschauung und Trockenheit führt, sie aber wähnt sich verloren. Und da sie so voll Dunkelheit und Schwierigkeiten, Widerwillen und Versuchungen ist, kommt noch jemand gleich den Tröstern des Job und sagt, dies sei Melancholie, Schwermut oder Anlage; es könnte sogar irgendeine versteckte Bosheit daran schuld sein, daß Gott sie verlassen habe ... Da sie Sünden als Ursache wähnen, lassen sie die Seele sich um und um drehen und immer wieder Generalbeichte ablegen, was diese stets neu kreuzigt. Sie begreifen nicht, daß vielleicht zur Zeit nichts anderes angemessen ist, als sich einzig der Läuterung zu überlassen, die Gott vornimmt...

*Johannes vom Kreuz*

## Zwei »Grundgesetze« der »Kreuzeswissenschaft«

Das wohl wichtigste »Grundgesetz« des geistlichen Lebens heißt: *Liebe macht ähnlich.* Ich gleiche mich dem an, was ich liebe. Angelus Silesius dichtete: »Mensch, was du liebst, in das wirst du verwandelt werden: Gott wirst du, liebst du Gott – und Erde, liebst du Erden.«
Um also auf Gott hin umgeformt zu werden, gilt es, Gott zu lieben. Hier scheinen die geistlichen Meister nun aber doch zu hoch anzusetzen. Wie soll ich Gott so echt und ernsthaft lieben, daß ich ihm gar ähnlich werde?
Ein zweites, ebenso fundamentales »Gesetz« im geistlichen Leben sagt: *Ich kann nur lieben, was ich kenne.* Kann ich Gott überhaupt »kennen«?
Eine Kreuzesdarstellung aus dem 14. Jh., das »Mystikerkreuz« im Neumünster zu Würzburg, bringt die Antwort der geistlichen Lehrer bildhaft zum Ausdruck: Christus hat hier – in der Kunst wohl einmalig – seine Arme vom Kreuz gelöst, liebevoll umarmt er etwas, zieht es an sich, ganz darauf bedacht, es nicht zu verletzen ... Das Bild will sagen: In seiner Liebessehnsucht nach dem Menschen kommt Gott uns entgegen, um uns abzuholen, uns an sich zu ziehen und in sein Sohn-Verhältnis zum Vater mit hineinzunehmen. »Gott wurde Mensch, damit der Mensch Gott werde«, formulierte Augustinus. Als Jesus von Nazaret hat er sich uns zugänglich gemacht. Nun kann ich Gott kennenlernen. An einem realen Menschen kann ich ablesen, was für ein Herz und was für einen »Charakter« Gott hat. Geistliches Leben besteht nach der Erfahrung und Lehre der geistlichen Meister darin, Jesus Christus kennenzuler-

»Mystikerkreuz« im Neumünster zu Würzburg, 14. Jh.

nen, damit ich ihn immer mehr lieben lerne und er so meinen Charakter seinem Charakter angleichen kann. Ein »anderer Christus« soll ich werden, sagt Paulus (vgl. Gal 4,19). Um ein geistliches Leben zu beginnen, braucht man nur ein wenig Neugier: Was ist das für einer, dieser Mann, der von sich sagt, daß er Gottes Sohn ist, und in dem Menschen aller Generationen ihren Lebensinhalt gefunden haben? Geistlich lebt, wer sich mit Jesus Christus einläßt und – wie Edith Stein sagt – das Studium der »Kreuzeswissenschaft« beginnt.

Um unsere Liebe zu gewinnen und unseren Glauben zu festigen, enthüllt das Christentum den Augen und Herzen ... die packende und unerforschliche Wirklichkeit des geschichtlichen Christus. In Christus verbirgt sich unter dem vorbildlichen Leben eines Einzelmenschen das folgende Drama: Der Herr der Welt führt als Element der Welt nicht nur das Leben eines Elementes, sondern darüber hinaus auch noch das ganze Leben des Universums, das Er auf Seine Schultern nehmen und Sich angleichen will, indem Er es selbst auskostet. Schließlich bedeutet das Christentum unserem Durst nach Glück gerade durch den Kreuzestod dieses anbetungswürdigen Wesens, daß das Ziel der Schöpfung nicht in den zeitlichen Bezirken der sichtbaren Welt zu suchen ist; die von unserer Treue erwartete Anstrengung wird sich erst vollenden, wenn wir selbst und alles, was uns umgibt, vollständig umgestaltet sind...

Das Kreuz fordert uns auf, zu den letzten Zielen aufzusteigen, und zwingt uns so, eine Stufe, einen kritischen Punkt zu überwinden, wobei wir den Stand im Bezirk der wahrnehmbaren Wirklichkeiten verlieren. Dieses letzte »Überschreiten«, das wir von den ersten Tritten an geahnt und angenommen haben, wirft eines Tages notwendig ein besonderes Licht, einen besonderen Geist auf alle unsere Maßnahmen. Und gerade darauf beruht die christliche Torheit in den Augen der »Weisen«, die für ein vollständiges »Jenseits« kein Gut, das sie im Augenblick in Händen halten, aufs Spiel setzen wollen.

*Teilhard de Chardin*

## »Jesus« und »Christus«

In der wissenschaftlichen Sprache der Theologie wird gelegentlich zwischen »Jesus« und »Christus« unterschieden. Beide Male geht es um ein und denselben Jesus Christus. Aber um der Klarheit in der Aussage willen sprechen die Theologen in manchen Veröffentlichungen von »Christus«, wenn sie den Herrn als den Auferstandenen meinen, den, der jetzt lebt und gegenwärtig ist, und gebrauchen den Namen »Jesus«, wenn sie ihn historisch betrachten und von seinem irdischen Leben als Jesus von Nazaret sprechen. Diese Unterscheidung kann auch für unsere folgenden Überlegungen hilfreich sein. Denn auch in der Praxis des Glaubens ist es von Bedeutung, Jesus Christus sowohl als »Jesus« wie auch als »Christus« vor Augen zu haben. Nicht nur die Klarheit einer theologischen Aussage, sondern die »Klarheit« unseres Lebens hängt in diesem Falle davon ab.

Geistlich leben heißt mit *Christus* leben, der auferstanden und jetzt gegenwärtig ist. Würde ich nur auf Jesus von Nazaret schauen, wäre mein Glaube noch tot. Jesus wäre dann vielleicht ein Vorbild für mich, eine beeindruckende Persönlichkeit aus der Bibel oder einfach ein mehr oder minder verständliches Element meiner religiösen Weltanschauung. Erst wenn ich zu ihm »Du« sage, wirklich *mein* »Du« aus dem eigenen Herzen heraus, und er aufhört, nur ein Name oder eine biblische Gestalt zu sein, wird Glaube »Ernstfall« (H. U. v. Balthasar). Wie im zwischenmenschlichen Bereich erst durch das »Du«-Sagen aus einem Sich-zur-Kenntnis-Nehmen eine *Begegnung* wird, so ist das »Du«-Sagen auch

Die Barmherzigkeit, Holzplastik eines süddeutschen Meisters, um 1350. Der Gekreuzigte weist auf das durchbohrte Herz. Solche, im Mittelalter vor allem in Süddeutschland verbreitete Darstellungen wollten einladen, sich in das »Innere« Jesu hineinzuhorchen, sich in seine Persönlichkeit, in sein Denken und Empfinden hineinzufühlen, ihn meditierend kennenzulernen.

Die wahre Dreiheit in der wahren Einheit, Bildtafel der hl. Hildegard von Bingen in ihrer Schrift »Wisse die Wege« (Scivias), Rupertsberger Codex, um 1141.

im Verhältnis zu Jesus Christus der Überschritt von einem bloßen Leben mit einer christlichen »Überzeugung« zu einem *Leben mit dem Herrn.* Im geistlichen Leben mache ich Ernst damit, daß er lebt und mich hört. Indem ich zu ihm bete und den Tag mit ihm zu leben versuche, erkenne ich an, daß er eine lebende Person ist, so wirklich und wahr wie ein menschliches Gegenüber.
Aber ich muß mich auch an *Jesus* halten, der in Betlehem Mensch wurde, in Nazaret aufwuchs, durch Galiläa ging, in Jerusalem am Kreuz starb und den Jüngern die Erfahrung seiner Auferstehung schenkte. Sonst bin ich in der Gefahr, ein Idol anzubeten, einen selbst zurechtgemachten Christus, oder ich verwechsele ihn gar mit meinen Träumen und religiösen Gefühlen. Wer der Christus meines Betens ist, das kann ich nur an dem Jesus der Bibel ablesen. Ich brauche Jesus, um zu wissen, zu *wem* ich bete und *wem* ich mein Leben anvertraue. Noch mehr: Dieser Jesus von Nazaret ist der einzige, an dem ich erfahren kann, wer *Gott* überhaupt ist. Er ist das einzige authentische »Gottesbild«: »Wer mich gesehen hat, hat den Vater gesehen« (Joh 14,9). In ihm wird Gott eine objektive Größe meines Lebens, ohne ihn hänge ich leicht subjektivistischen Vorstellungen an, die mein Leben entsprechend prägen und mich zum Zerrbild des wahren geistlichen Menschen machen. – Hildegard von Bingen hat die Bedeutung des menschgewordenen Jesus für unser Verhältnis zu Gott mit einem ihrer Bilder aufgezeigt: Zwei Kreise, gemalt in den kostbaren Farben Gold und Silber, stellen Gott den Vater

Christus in der Rast, Dreifaltigkeitskirche zu Görlitz, um 1500. Nur noch mit dem Lendertuch bekleidet, ermattet von der Geißelung und dem schweren Weg zur Hinrichtungsstätte, die Kreuzigung vor Augen, hält Christus Rast. Dieses im ausgehenden Mittelalter besonders in West- und Osteuropa verbreitete Andachtsbild lud den Betrachter ein, sich neben den Herrn zu setzen, ihn tiefer kennenzulernen gerade in den Stunden seines Leidens und sich im eigenen Leid mit ihm zu vereinen.

und den Heiligen Geist dar, unzugänglich unserer irdischen Fassungskraft; in der Mitte kommt eine Menschengestalt auf den Betrachter zu, Jesus, der uns Kunde bringt von Gott dem Dreifaltigen ... – Ob Benedikt oder Franziskus, Ignatius oder Teresa von Ávila – die Lehrer des geistlichen Lebens verweisen immer auf diese Menschengestalt in der Mitte. Ich muß mir die Szenen des irdischen Lebens Jesu vor Augen stellen und mich dabei in Jesus hineinfühlen, wie er denkt, wie er empfindet, was er liebt und was er verabscheut, wie er mit den Menschen umgeht, wie er heilt und wie er tadelt, wie er weint und wie er Freude bringt, wie er nach dem Willen des Vaters sucht, wie er betet, wie er versucht wird, wie er erträgt, wie er am Kreuz sein Leben in des Vaters Hände legt, wie er nach der Auferstehung den Jüngern begegnet ... Dann erst beginne ich zu erspüren, *wer* mir da nahe ist, wenn die göttliche Nähe im Innern mich anrührt, dann erst weiß ich, zu *wem* ich spreche in das Dunkel des Glaubens hinein ...

Je mehr ich mich bemühe, den Herrn als Jesus kennenzulernen, desto leichter werde ich ihn als Christus lieben lernen. Jesus von Nazaret – das ist der Christus, mit dem ich heute lebe; und der Christus meines Betens – das ist der Jesus aus Galiläa, den die Evangelien bezeugen: auch heute denkt er so, liebt er so wie damals.

In diesem Zusammenhang lassen sich die Begriffe »Meditation«, »Kontemplation« und »Aktion« gut erklären. Sie begegnen uns in den Schriften über das geistliche Leben recht häufig.

*Meditation* ist ein Wort, das in der modernen religiösen Literatur für viele Inhalte herhalten muß. In der geistlichen Tradition der Kirche meint es das Nachdenken und Nachsinnen über die Glaubenswahrheiten, vor allem aber über das Leben und die Worte des menschgewordenen Jesus. »Meditari« heißt in der lateinischen Sprache so viel wie »in die Mitte holen«. Auf den Jesus der Evangelien blicken, sein Leben und seine Worte in mich einlassen, in die Mitte meines Herzens holen und in die Mitte meines Lebens stellen, das ist Meditation. Übungen der Entspannung oder der Konzentration von Körper und Geist, die wir heute auch als »Meditation« bezeichnen, haben eine dienende Funktion, sie können die Betrachtung der Glaubenswahrheiten vorbereiten oder vertiefter ermöglichen, führen von sich selbst her aber noch nicht zum Gott der Offenbarung. Meditation im eigentlichen Sinne besteht auch nicht darin, kluge Gedanken zu sammeln, sie will vielmehr der Frage nachlauschen: Wer bist Du, Herr? »Es ist ja Ziel des Meditierens über göttliche Dinge, einige Erkenntnis und Liebe zu Gott zu gewinnen«, schreibt Johannes vom Kreuz. – In den Klöstern und geistlichen Gemeinschaften ist der Meditation – hier gebraucht man meist das deutsche Wort »Betrachtung« – eine eigene Zeit im Tageslauf gewidmet. Das heißt nicht, daß man nur in dafür freien Zeiten mit der Heiligen Schrift in der Hand meditieren könne. So wertvoll es ist, sich auf solche Weise in das Leben Jesu immer mehr hineingeben zu können – meditieren, einen Predigtgedanken vom letzten

Mit einem so guten Freund an der Seite, mit einem so kundigen Führer, der auch im Leiden vorausging, kann man alles durchstehen. Er hilft und stärkt zugleich; er versagt nie, er ist ein wahrer Freund!

Mir ist klar, und ich habe das auch schon gesehen, daß Gott möchte, wenn wir ihm gefallen wollen, und er uns große Gnaden erweist, daß das durch seine heiligste Menschheit geschieht, in der sich, wie er sagte, Seine Majestät erfreut. Ganz, ganz oft habe ich in dieser Hinsicht meine eigene Erfahrung gemacht, und der Herr hat es mir auch gesagt. Ich habe klar gesehen, daß wir durch dieses Tor eintreten müssen, wenn wir wollen, daß uns die erhabene Majestät ihre großen Geheimnisse zeigt.

Suchen Sie sich also keinen anderen Weg, mein Herr, auch wenn Sie auf dem Gipfel der Kontemplation stehen; auf diesem Weg gehen Sie sicher. Dieser unser Herr ist es, durch den uns alles Gute zukommt; er weist uns den Weg; wenn wir auf sein Leben schauen, dann haben wir das beste Vorbild. Was wollen wir mehr als einen so guten Freund an der Seite, der uns in Leid und Trübsal nicht allein läßt, wie es die Freunde dieser Welt tun? Glücklich, wer ihn in Wahrheit liebt und immer an seiner Seite hat!

*Teresa von Ávila*

Sonntag nachklingen lassen, ein Wort des Herrn, das man im Kopf hat, in die Mitte des Tages stellen, das kann man auch bei mancher Arbeit, während der Busfahrt zum Betrieb ...

Die Meditation, die sich also mit Jesus von Nazaret beschäftigt, dient dem Kennenlernen des Christus, des auch heute lebenden Herrn – sie ist auf die *Kontemplation* hingeordnet. Darunter verstehen die christlichen Meister den freundschaftlichen, liebenden Umgang mit Christus, das Leben in einer bewußten Verbundenheit mit dem auferstandenen Herrn. – Die Entwicklung der letzten Jahrhunderte hat leider dazu geführt, daß viele glauben, Kontemplation sei vor allem eine Sache der Orden oder gar nur der »beschaulichen Orden«. Natürlich kann jeder sein Leben mit Christus gestalten, eine Freundschaft mit ihm eingehen und aus solcher Freundschaft heraus seine Berufung, seine Aufgaben in Familie, Kirche und Welt erfüllen.

Unsere *Aktionen* werden dann überlegter, unsere Worte tiefer, unser Leben einfühlsamer, unser Mut wagnisbereiter, unsere Caritas und Pastoral glaubhafter, unsere Hände heilender.

# *Beten –*

# *die Mitte des geistlichen Lebens*

## Heidnisches und christliches Beten

Bevor Jesus die Jünger das Vaterunser lehrte, mußte er ihnen sagen: »Wenn ihr betet, sollt ihr nicht plappern wie die Heiden, die meinen, sie werden nur erhört, wenn sie viele Worte machen. Macht es nicht wie sie; denn euer himmlischer Vater weiß, was ihr braucht, noch ehe ihr ihn bittet« (Mt 6,7f). Heidnische Vorstellungen haben wohl nirgends so leichtes Spiel, ins Christentum Eingang zu finden, wie dort, wo es um das Beten geht. Hier können sie lange unerkannt bleiben, gehüllt in den Mantel der Frömmigkeit. Wie schnell ist Gott vor den Karren der eigenen – privaten und kirchlichen – Interessen gespannt. In Wahrheit gilt dann unsere Aufmerksamkeit nicht dem himmlischen Vater, sondern den Götzen, »die Gott uns erhalten möge«. Wir »beten«, daß er unsere Pläne gelingen lasse, daß uns nichts fehle und kein Kreuz uns begegne – und haben dazu noch die Vorstellung (der wir uns gar nicht bewußt sind), daß Häufigkeit und Umfang der Gebete oder die Anzahl der Beter die Gebetserhörung sicherer machten. Das zeitweilig viel gebrauchte Wort von der »Macht des Gebetes« offenbart nur allzu deutlich, wieviel heidnisches Denken und Empfinden dem Beten auch heute anhaften. Ebenso muß bedenklich stimmen, wenn unter Beten mehr oder weniger ausschließlich Bitten verstanden wird. Daß viele Menschen mit solchem »Beten« enttäuschende Erfahrungen machen oder andere von vornherein Schwierigkeiten haben, dem Beten einen Sinn abzugewinnen, ist die bedauerliche Frucht solcher und ähnlicher Mißverständnisse in

Unterweisung und Praxis unserer Kirche(n).
Beten ist ein zutiefst menschlicher, zum Menschsein gehörender Vorgang. Das scheinen die vielen zu erfahren oder wenigstens zu ahnen, die sich heute innerhalb und außerhalb unserer Gemeinden für Gebet und Meditation interessieren.
Im Beten verwirklicht der Mensch, was er eigentlich ist: einer, der in sich die Anlage zu einer Liebe hat, die alle zwischenmenschliche Liebe und Freundschaft übersteigt und wie mit einem großen, bergenden Mantel noch einmal umgreift. Nach den besten Strömen der geistlichen Tradition der Kirche ist Beten zuerst »Hören«, bevor es Reden wird, Schweigen und Staunen, Erfahren, wie Gott »weiß, was ihr braucht, noch ehe ihr ihn bittet« (Mt 6,8), in einer konkreten und persönlich verwirklichten Freundschaft mit ihm leben, bevor es auch Bitten ist.
Heidnisches Beten sieht die Welt von sich aus und holt Gott für die Erfüllung eigener Bedürfnisse zu Hilfe. Der christliche Beter ist zuerst ein »Hörender«, er versucht die Welt von Gott her zu sehen und die wahre Bedürftigkeit der Menschen zu erkennen – und kommt *Gott* zu Hilfe bei der Verwirklichung *seiner* Pläne für die Welt.

Warum lenkt er uns zum Gebet? Er weiss doch, was für uns notwendig ist, noch ehe wir ihn darum bitten. Wir können es wohl nur so verstehen, daß unser Herr und Gott nicht etwa unseren Willen kennenlernen will, der ihm ja nicht unbekannt sein kann. Vielmehr soll durch das Gebet unser Verlangen gestärkt werden, damit wir in der Lage sind, aufzunehmen, was Gott uns zu geben beabsichtigt. Denn seine Gabe ist sehr groß, wir aber sind klein und eng im Annehmen. Daher sagt er uns: »Macht euch weit, damit ihr nicht mit den Ungläubigen zusammen unter dem gleichen Joch zieht« (Kor 6,13f)...

Indem wir glauben, hoffen und lieben, beten wir in ununterbrochener Sehnsucht. Daneben aber beten wir in festgesetzten Zeitabständen auch mit Worten zu Gott, damit wir uns im Aussprechen dieser Worte bewußt werden und uns Gewißheit darüber verschaffen, wie weit unsere Sehnsucht sich vertieft hat, und damit wir uns selbst stärker anspornen, dieses Verlangen zu vermehren...

Wenn es sich so verhält, so ist es weder tadelnswert noch nutzlos, wenn man viel Zeit dem Gebet widmet, falls dadurch nicht andere und notwendigere Aufgaben verhindert werden. Aber auch bei diesen Betätigungen muß man in jenem... Verlangen allzeit beten.

Wenn man länger betet, so heißt das nicht, wie einige meinen, daß man mit vielen Worten betet. Vielrednerei ist eines, dauernde Andacht ein anderes. Vom Herrn selbst steht ja geschrieben, daß er die Nacht im Gebet verbrachte und daß er sehr inständig gebetet hat. Hat er uns nicht so ein Beispiel gegeben?

*Augustinus*

## Das »immerwährende Gebet« – Normalfall des Betens

Eine alte Klosterhandschrift erzählt die Geschichte zweier Fische, die mitten im Meer einander fragen, wo denn das Wasser sei, von dem man immer spreche, sie hätten noch niemals Wasser gesehen und wüßten nicht, was Wasser ist; ein gelehrter Fisch, den sie schließlich um Rat bitten, gibt ihnen zur Antwort: »O ihr dummen Fische! Aus dem Wasser seid ihr gekommen, im Wasser bewegt ihr euch, alles, was ihr seid und habt, verdankt ihr dem Wasser, aber ihr merkt es nicht.« Und die Mönche fügten hinzu: »So lebt der Mensch in Gott – und merkt es nicht.«
Auf-merken zu Gott, der in jedem Augenblick da ist, um mich herum, in mir – das ist Beten. Es ist ein psychologisch ganz konkretes »Tun« des menschlichen Geistes – des Herzens und des Verstandes –, das man als Sich-Zuwenden oder als Du-Sagen beschreiben könnte. Das Herz sagt »Du« zu dem, um dessen verborgene Gegenwart es weiß und den der Verstand als Jesus Christus kennengelernt hat. Beten ist der – wenn auch noch so armselige – Versuch, in einer inneren Zweisamkeit zu leben mit dem, von dem Paulus sagt: »In ihm leben wir, bewegen wir uns und sind wir« (Apg 17,28). Es ist nicht ein auf Gebetszeiten begrenztes Tun, sondern eher ein Grundverhalten des Menschen über das gesamte Alltagsleben hin: Ich versuche, öfter an sein Anwesendsein zu denken, meine Erlebnisse mit ihm zu teilen, Ereignisse (schmerzliche und freudige) mit »vier Augen« zu sehen, meine Entscheidungen vor ihm zu erwägen, meine Handlungen mit ihm »abzusprechen« ...

»Betet ohne Unterlaß!« schreibt Paulus (1 Thess 5,17). Die geistlichen Väter prägten daraus das Wort vom »immerwährenden Gebet« oder sprechen vom »Wandel in der Gegenwart Gottes«. Was sie darunter verstehen, hat nichts mit Spitzenleistungen im Beten zu tun, sondern meint den »Normalfall« des Betens, den freundschaftlichen, liebenden Umgang mit Gott mitten in den Geschäften des Alltags. Solcher Umgang prägt den Menschen. Hier erweist sich im recht verstandenen Sinne die »Macht des Gebetes«: Es knackt allzu enges Denken auf, drängt zur Änderung mancher festgefahrener Gewohnheiten, öffnet die Augen für die wahren Nöte der Menschen.

Die erste Art (des Betens) ist das unablässige Gebet, das nichts andres ist als ein heiliges, in der Liebe zu Gott und dem Nächsten gegründetes Verlangen, alle Dinge zu Gottes Ehre zu tun. Diese Begierde und liebevolle Neigung in der Gegenwart Gottes betet unablässig, zu jeder Zeit, an jedem Ort und in jeder Lage, in der sich ein Mensch befinden mag. Die Frucht davon ist eine innere Stille, in der man seinen Willen allezeit mit Gott vereinigt und seinem höheren Licht unterwirft. Man gehorcht ohne Widersetzlichkeit. Man arbeitet mit seinen Händen oder dient seinen Mitbrüdern, wie es die Umstände erfordern, ohne Widerrede, ohne daß das Gemüt dadurch beunruhigt wird und ohne ein eigensinniges Verlangen nach der Einsamkeit und Ruhe in sich zu nähren. Wollte man sich eben zum Gebet absondern, und es wird einem etwas aufgetragen, so wird man deswegen nicht unzufrieden, sondern unterläßt gern seine besondere Andacht und dient in Liebe und Demut dem Nächsten. Paulus empfiehlt uns diese Art des Gebets, indem er spricht: Betet ohne Unterlaß! Und wer nicht auf diese Art betet, dessen Gebet taugt nichts zum Leben seiner Seele.

*Caterina von Siena*

## Die Gebetszeit – »Treffen mit einem Freund«

Christus-Johannes-Motiv aus dem Passionsfenster im Dom zu Erfurt, um 1370.
Die Christus-Johannes-Szene in den Darstellungen des Letzten Abendmahles wurde zu Beginn des 13. Jahrhunderts als ein Motiv entdeckt, das Wesentliches zum christlichen Verständnis von Gebet und geistlichem Leben zum Ausdruck bringt. Zunächst als Illustration in Andachtsschriften,

Teresa von Ávila hat das »immerwährende Gebet« als ein »Leben in der Freundschaft mit Gott« beschrieben. Eine Freundschaft läßt sich nicht auf bestimmte Minuten eingrenzen, sie besteht immer; aber sie lebt davon, daß es Stunden gibt, in denen die Freunde ausschließlich beieinander sind. Persönliche Gebetszeiten gehören daher notwendig zu einem geistlichen Leben, sie sind – so Teresa – wie »ein Treffen mit einem Freund, mit dem wir oft und gern zusammenkommen, von dem wir wissen, daß er uns liebt«. Bilder wie die in vielen Variationen verbreitete Darstellung der »Johannes-Minne« zeigen, wie tief diese Sicht vom Beten in der geistlichen Tradition der Kirche verwurzelt ist. Das eigene Gebetsverständnis davon durchdringen zu lassen, kann manche »Probleme mit dem Beten« relativieren.
Vor Gott darf ich sein wie vor dem allerbesten Freund, der mich kennt – und mich trotzdem gern hat. Ich darf mit meinen Worten reden, »deutsch« und ungeschminkt; finde ich keine, dann mit meinen Gedanken, mit meinem Fühlen oder mit meinem Schweigen. Es kommt nicht darauf an, in der Gebetszeit viel zu sagen, hier ist kein »Pensum« zu erledigen! Gott ist da – und ich bin jetzt da, und was uns gerade einfällt, darüber tauschen wir uns aus – über die Dinge *meines* Lebens wie über *seine* »Anliegen«, seine Worte, seine Taten damals und heute ... Es geht weder darum, Gebetspflichten zu erfüllen noch »aufzutanken«. Das Jetzt zählt. Ich habe einen Moment »Urlaub«, darf ausruhen an seiner Seite, anschließend werde ich weitergehen – auch an seiner Seite!

dann bald auch als Gemälde und vor allem als freistehende Holzplastik wird die Szene aus dem Zusammenhang des Abendmahles herausgenommen und als »Christus-Johannes-Gruppe«, auch »Johannes-Minne« genannt, isoliert dargestellt. Mit dem Nachlassen der Hinführung zum inneren Beten im Spätmittelalter verschwindet das Motiv auch allmählich aus der Kirchenkunst.

Gedanken, die mir kommen, gute oder blamable (die sogenannten »Zerstreuungen«), lege ich vor ihn hin, vor ihm ordnet sich manches, scheidet sich in Wahrhaftiges und Unwahrhaftiges, Wesentliches und Unwesentliches, manches heilt im Laufe der Zeit seine Gegenwart ... Vor ihm denke ich an meine Freunde und an die Unbekannten, die auf jeden Fall *seine* Freunde sind; in ihren Nöten darf ich mitüberlegen, was für sie gut ist, ihm dann meine Vorschläge, meine Bitten für sie sagen – ihm bleibt überlassen, zu tun, was wirklich gut ist ...
Wenn doch mehr Menschen wüßten, wie einfach und wie »erholsam« wahres Beten ist – selbst wenn es in tiefster Glaubensnacht geschieht –, sie würden sich danach sehnen und ihren Lebensstil so ändern, daß das Treffen mit dem göttlichen Freund jeden Tag möglich ist.

Wenn ich Dich doch das Geheimnis des Glückes lehren könnte, so wie Gott es mich gelehrt hat. Du sagst, ich hätte weder Sorgen noch Leiden. Ja, ich bin tatsächlich sehr glücklich. Aber wenn Du nur wüßtest, daß man in Widerwärtigkeiten ebenso glücklich sein kann. Man muß nur immer auf Gott hinschauen. Im Anfang muß man sich anstrengen, wenn man fühlt, daß es in einem kocht; aber allmählich, mit viel Geduld und der Hilfe Gottes, gewinnt man die Oberhand.

Du mußt Dir, so wie ich, im Innern Deiner Seele eine kleine Zelle bauen. Du denkst dann, daß der liebe Gott darin zugegen ist, und betrittst sie von Zeit zu Zeit. Wenn Du Deine Nerven spürst oder Dich unglücklich fühlst, so flüchtest Du rasch dahin und vertraust Dich dem Meister an. Oh, wenn Du nur eine geringe Kenntnis vom richtigen Gebet hättest, fändest Du es nicht langweilig. Mir kommt es vor wie ein Ausruhen, eine Entspannung. Man begibt sich einfach zu Ihm, den man liebt. Man hält sich ganz in Seiner Nähe auf, wie ein Kind in den Armen seiner Mutter, und läßt seinem Herzen freien Lauf.

Du hast Dich früher immer so gerne neben mich gesetzt, um mir Deine Geheimnisse anzuvertrauen. Auf die gleiche Weise muß man zu Ihm gehen. Wenn Du nur wüßtest, wie gut Er uns versteht. Du würdest nicht mehr so leiden, wenn Du dies begreifen könntest.

*Elisabeth von Dijon*

## Gebets-erfahrung?

Noch eine Frage muß – wenn wir hier über das Beten nachdenken – zur Sprache gebracht werden, die so oder ähnlich, von vielen gestellt wird: Was geschieht eigentlich beim Beten im Innern des Menschen? Schlimme Vermutungen können hinter dieser Frage stecken: Ob Beten nicht in Wirklichkeit nur Selbstgespräch oder Grübelei ist? Ob »Gott« dabei nicht nur Selbsttäuschung durch fromme Gefühle ist? – Was geschieht wirklich hinter den geschlossenen Augen, was »tut« der Mensch, wenn er betet, und was erfährt er dabei?
Das Thema »Gottes-« oder »Gebetserfahrung« ist hier angefragt. Die geistlichen Lehrer geben darauf eine recht ernüchternde Antwort: Gotteserfahrung im eigentlichen Sinne gibt es auf Erden nicht, sie ist der Ewigkeit vorbehalten. Sie wissen aber um einen »inneren Sinn der Seele« – so Johannes vom Kreuz –, um die feine »Seelenspitze« – so Meister Eckhart u. a. – (gemeint ist wohl jenes »Organ«, von dem A. de St. Exupèry sagt: »Man sieht nur mit dem Herzen gut, das Wesentliche ist den Augen verborgen.«), mittels derer der betende Mensch das *Wirken* Gottes in sich wahrnehmen kann. Jede noch so tiefe und innerliche »Gotteserfahrung« ist tatsächlich nichts anderes als Selbsterfahrung – aber Erfahrung des *eigentlichen* »Selbst«. Der Mensch erfährt sich im Innern als ein Wesen, zu dessen »Natur« Gott gehört. Klaus von Flüe hat sich das an einem Bild klar gemacht: Wie die Blume all ihre Lebenskraft aus der Erde empfängt, wie sie nur existiert, weil sie mit der Erde verbunden ist, aus der die Nährstoffe in sie einfließen, so »wurzelt«

Pietà im Dom zu Erfurt, um 1350. Im 13. Jahrhundert beginnt man in Süddeutschland, vor allem aber im fränkisch-thüringischen Raum, eine Szene darzustellen, zu deren Betrachtung die Karfreitagsvesper anregte: Maria hält den vom Kreuz abgenommenen Leichnam ihres Sohnes in den Armen. In der Folgezeit verbreiteten sich diese »Vesperbilder« rasch über ganz Europa, in Italien wurde das Motiv als »Pietà« bekannt und beliebt.

Das stumme, schauende Schweigen Mariens, ihr Dasein bei Christus in der menschlich gesehen wohl dunkelsten Stunde ihres Lebens, war und ist den Betern eine wortlose »Schule« echter christlicher Frömmigkeit, der es nicht um »Gebetserfahrungen« im vordergründigen Sinne geht, sondern um die glaubende und liebende Schicksalsgemeinschaft mit dem Herrn gerade auch in den dunklen Stunden des Lebens.

der Mensch in Gott, der ihm von Pulsschlag zu Pulsschlag Leben eingießt. Das gilt für jedes Geschöpf. Der Mensch aber ist berufen, sein mit Gott verbundenes Wesen zu erkennen und das »Einströmen« der göttlichen »Nährstoffe« in sich selber zu erfahren. Nicht Gott wird dann wahrgenommen, wohl aber die Liebe, die er in mich hinein-liebt, der Friede und die Freude, die er wirkt, das »Ruhen in Gott«, das aus der Tiefe der Seele aufsteigt.
Solche »Gotteserfahrung« kann jeder machen, und selbst die innere Erfahrung derer, die wir (fälschlicherweise nur sie!) »Mystiker« nennen, unterscheidet sich von der unsrigen höchstens in der Intensität, nicht in der Art.
In den Anfängen des geistlichen Lebens erfährt der Mensch oft einfach ein geheimes In-die-Stille-Gezogenwerden, ohne daß er zunächst wüßte, *was* ihn da anzieht und zur Sammlung lockt; ein ahnendes Erspüren von etwas wie der Anwesenheit und Nähe des Göttlichen, Absoluten, wird wach; aus der Tiefe her stellt sich ein »Erkennen« des »Ganzen« ein – Johannes vom Kreuz sagt, der Mensch »weiß dann einzig um Gott, ohne zu verstehen wie«; ein »Sehnen« steigt auf nach dem, was mich da anzieht, in mir liebt und Erkenntnis schenkt.
Unsere erfahrungshungrige Zeit muß sich von den Großen des geistlichen Lebens auch sagen lassen, daß solche »Gebetserfahrung« in keiner Weise machbar ist, weder dadurch, daß man die inneren Gefühle anstrengt, noch durch Üben von Gebets- und Meditationsmethoden. Sie ist die Frucht der immer wieder neuen »Angleichung an

Christus« – so Johannes vom Kreuz – durch Kennenlernen seines Lebens, durch das Sich-Hineinlauschen in sein Wesen, durch bewußtes, oft hart abgerungenes Loslassen eigener Wünsche, Pläne, Vorstellungen und Gefühle (!), vor allem aber auch durch Mitvollzug seines Lebens, im Handeln wie er, im Dasein für die Mitmenschen wie er, in der Schicksalsgemeinschaft mit ihm ... Echte christliche Frömmigkeit sucht nicht »Gebetserfahrungen«, die letztlich immer Gottes Geschenk bleiben, sondern will seiner Liebe und seinem konkreten Auftrag entsprechen – gleich ob er »nahe« ist oder nicht. Die einzige »Gebetsmethode«, die man kennen und immer können sollte, ist die innere, persönliche Zuwendung zu Gott, das Du-Sagen zu ihm, der »liebende Aufblick zu Gott«, wie die Mystiker sagen: der im Tagesablauf öfter gewechselte innere »Blickkontakt« mit ihm, dem verborgen Gegenwärtigen. Wichtig ist zu wissen, daß unsere geistlichen Lehrer auch Dunkelheit im Glauben als »Gotteserfahrung« ansehen. Glaubenskrisen sind, gleich, ob sie mehr den Verstand oder mehr das Herz erfassen, nicht Pannen im geistlichen Leben, sondern intensive Wachstumsphasen. Altes, bisher Ausreichendes, aber nun zu eng und zu kindhaft Gewordenes, bricht zusammen, damit Neues, Tieferes, Gründlicheres im Denken und »Erfahren« reifen kann. »Gott ist nicht mehr da« – eine schmerzliche Erfahrung des geistlichen Lebens und doch ein Irrtum! Bei den Meistern in der Geschichte der Kirche kann man lernen, solche »dunklen Nächte« als »Gotteserfahrung« zu verstehen und zu bestehen.

(Der Mensch:)
Mein ganzes Herz sehnt sich jetzt doch nur nach einer Freude: Ruhe und Frieden. Ja, diesen Frieden erflehe ich, den Frieden deiner Kinder, die in deinem Lichte und auf der Weide deines Trostes wandeln.

Wenn du mir diesen Frieden schenkst, diese heilige Freude in mein Herz eingießt, dann wird die Seele deines Knechtes in jauchzender Melodie und in frommem Lob erklingen...

(Gott:)
Glaubst du etwa, daß dir die himmlischen Tröstungen jetzt schon in einem fort zu Gebote stehen, daß du davon kosten kannst, sooft du nur willst?

O selbst meine Heiligen hatten nicht lauter Stunden des Trostes, sondern viele Drangsale, mancherlei Versuchungen und große Anfälle von Trostlosigkeit auszustehen. Aber sie ließen sich in allen diesen Leiden nicht zu Boden werfen, standen aufrecht und geduldig da, vertrauten mehr auf Gott als auf sich.

Nachfolge Christi (Thomas von Kempen)

# *»Ihr seid drei und wir sind drei...« –*

# *vom Gemeinschaftscharakter des geistlichen Lebens*

Dreifaltigkeitsikone, Andrej Rubljew, 1411, heute in der Tretjakow-Galerie in Moskau.
Die Theologen der ersten Jahrhunderte sahen in den drei Engelboten, die Abraham besuchen und ihm göttliche Verheißung bringen (Gen 18), ein schon alttestamentlich vorweggenommenes Bild der in Christus sich offenbarenden Dreifaltigkeit Gottes. Der russische Mönch Andrej Rubljew benutzte dieses Motiv für seine Dreifaltigkeitsikone, die er im Auftrag des Zaren anzufertigen hatte. Nicht allein die hohe künstlerische Ausgewogenheit der Darstellung, auch ihre geistliche Anziehungs- und Ausstrahlungskraft machten sie zu einem beliebten Andachtsbild der orthodoxen Gläubigen, das in unzähligen Kopien Verbreitung gefunden hat. Gottvater, Sohn und Heiliger Geist (in der Darstellung von links nach rechts), die vollkommene Liebesgemeinschaft – das ist das göttliche Gegenüber des Menschen.

Zu wem soll ich beten? Zu Gottvater? Zu Christus? Zum Heiligen Geist? – Diese Frage ist gewichtiger, als sie zunächst scheint. Für nicht wenige Menschen, die es mit dem Beten ernsthaft versuchen wollen, verbirgt sich dahinter eine echte Not. Leider fällt die Antwort, die man sich darauf in der Regel selbst gibt, zu schnell so aus, daß man praktisch wie ein Jude oder ein Moslem betet, die beide die Dreifaltigkeit Gottes nicht kennen. Dabei wäre die anfängliche Unsicherheit, welcher der drei göttlichen Personen ich mich denn zuwenden solle, der Eigenart christlichen Betens schon recht nahe gewesen!
Aber auch viele unserer geistlichen Vorbilder mußten erst mühsam zu der Erkenntnis vorstoßen, daß sie nicht mit einer einsamen Gottheit, sondern mit einer *göttlichen Gemeinschaft* leben.
Nach den besten christlichen Zeugnissen ist geistliches Leben tatsächlich nicht ein Leben mit einem einzelnen göttlichen Du, sondern mit dem göttlichen »Ihr«.
»O meine Drei«, betet Elisabeth von Dijon, die Johannes Paul II. zu den Lehrmeistern zählt, die sein Leben am meisten geprägt haben: »O meine Drei, ... senkt Euch ganz in mich hinein, damit ich mich in Euch versenke, bis ich einst in Eurem Lichte die Abgründigkeit Eurer Größe schauen darf.«
Mein göttliches Gegenüber ist eine Gemeinschaft, die *Liebesgemeinschaft Gott*, in der sich immer zwei darin einig sind, mit dem dritten eins zu sein – und die mich, den Menschen, in ihr »Gemeinschaftsleben« einbeziehen möchten. Die anfängliche Verwirrung, vor drei

göttlichen Personen zu stehen, offenbart sich im geistlichen Leben als staunend machende »Horizonterweiterung«. Was der Verstand selbst der besten Theologen nicht fassen kann, ahnt der betende Mensch hier als allein mögliche Wahrheit: Gott kann nicht anders als in Gemeinschaft sein, wenn er DIE LIEBE ist – und wir Menschen sind berufen, mit einer göttlichen Gemeinschaft zu leben!

Solches Verständnis von geistlichem Leben schützt zugleich vor frommem Individualismus. Denn auch ich bin für Gott ein Gegenüber in Gemeinschaft, den er fragt: »Wo ist dein Bruder Abel?« (Gen 4,9) In der orthodoxen Kirche erzählt man von drei Mönchen, die in jahrzehntelanger Abgeschiedenheit alle ihre Gebete vergessen hatten; eines kannten sie noch, das sie sich selber geformt hatten: »Gott, Ihr seid drei und wir sind drei – erbarme Dich!«

Geistlich leben heißt, schon jetzt der Einladung in das Abenteuer folgen, für das der dreifaltige Gott uns geschaffen hat: in die Freundschaft mit Gott und den Menschen, die sich in der Zukunft der Ewigkeit vollenden wird.

*Bischof Dr. Joachim Wanke*

# *Heute geistlich leben*

*(Hirtenwort zur österlichen Bußzeit 1986; leicht gekürzt)*

Liebe Brüder und Schwestern im Herrn!

Manchmal höre ich von Christen, die mit ihrem Glauben ernst machen wollen, die Klage: Meine Frömmigkeit hat zu wenig mit meinem Leben zu tun. In meinem Alltag, so wie er Tag für Tag zu bewältigen ist, kommt Gott nicht vor. Er ist nahezu ebenso atheistisch wie der meiner nichtglaubenden Zeitgenossen.

Im Auseinanderklaffen von Alltag und Glaube lauert freilich eine tödliche Gefahr für unser Christsein. Der Glaube ohne Bezug zum Alltag wird langsam kraftlos, gleichsam blutleer; er wird wie ein Kleid, das nicht mehr paßt und in dem wir uns mit der Zeit unwohl fühlen.

Auch von einer anderen Seite her gewinnt das Thema »Frömmigkeit und Alltagserfahrung« für den Christen Aktualität. Eine häufig in der heiligen Beichte genannte Selbstanklage lautet: Ich bin zerstreut beim Beten. Oder: Ich kann mich beim Beten nicht konzentrieren. Man kann im Zweifel sein, ob damit ein echtes Verschulden bekannt wird oder ob darin einfach eine falsche Auffassung von Gebet und unserer Hinwendung zu Gott zum Ausdruck kommt.

In der Tat haben wir meist die Vorstellung: Je mehr wir uns Gott zuwenden, desto mehr müssen wir die Welt verlassen. Entweder Gott – oder die Welt; beides geht nicht zusammen. In einem gewissen Sinn ist das auch richtig, wenn es nämlich um die gottfeindliche Welt geht, die es ohne Zweifel gibt: jene Welt, wo Menschen sich in der Sünde häuslich einrichten. Aber ist die Welt, so wie wir sie tagtäglich erfahren, wirklich ein Hindernis, um mit Gott in Berührung zu kommen? Ist das, was unser Herz und unsere Sinne bewegt, nur eine Gefahrenquelle für unser Leben mit Gott? Ich meine: Nein! Wir müssen freilich lernen, Leben und Alltag mit unserem Gottesglauben immer neu in Verbindung zu bringen. Dazu möchte ich Euch einige Anregungen geben.

## 1. Gottes Gegenwart im Alltag entdecken

Bei einem Schriftsteller unserer Tage las ich einmal den Satz: »Wir sind nicht imstande, Gott bei den erhabensten Anlässen anzubeten, wenn wir uns nicht angewöhnt haben, es bei den bescheidensten zu tun.«
Mit der Frömmigkeit ist es eine merkwürdige Sache: Entweder ist der Mensch in *allen* Lebensbereichen fromm, d. h. auf Gott hin aufmerksam, oder er ist es überhaupt nicht. Es gibt keine Frömmigkeit, die sich auf das Verhalten in der Kirche oder beim Beten beschränken läßt. Sind wir damit aber nicht überfordert? Verlangen nicht unser Beruf und unsere Alltagspflichten unsere vollste Aufmerksamkeit und Konzentration?
Ich möchte so antworten: Frömmigkeit ist nicht etwas, was *zusätzlich* zu unserem Leben dazukommt, sondern: Frömmigkeit ist eine *Einstellung,* mit der wir unser Leben leben. Zucker legt man nicht neben den Kaffee oder Tee, sondern man gibt ihn in die Tasse hinein, erst dann wird alles süß. So ähnlich ist es auch mit unserem Glauben. Er muß den Alltag durchdringen, nicht nur umrahmen. Wenn ich ernst nehme, daß Gottes Gegenwart nicht auf den Tabernakel und nicht auf heilige Orte und

Räume beschränkt ist, dann kann für mich mein ganzer Alltag eine neue Qualität gewinnen: meine Ehe, mein Berufsleben, Freundschaften und Hobbys, meine Lebenslasten und meine kleinen Freuden. Uberall hält Gott sich bereit, mir zu begegnen.

Wir wissen ja: Für Christen gibt es keinen Zufall. In allem, was mir begegnet, was mein Leben bestimmt und prägt, was ich erlebe oder erleide, ist mir Gott nahe. Es kommt gleichsam aus seiner Hand. Am leichtesten gelingt es uns sicher, die kleinen Freuden des Lebens mit Gott in Verbindung zu bringen. Wer in einem dichten Wald spazierengeht, wird manchmal nur einige kleine Kringel des Sonnenlichtes am Boden entdecken. Aber auch in einem kleinen Sonnenstrahl kann die ganze Sonne erahnt und dankbar gepriesen werden.

Doch geht es mir noch um mehr als solche Übungen einer dankbaren Aufmerksamkeit gegenüber Gott in guten und frohen Stunden. Was wir Christen in Zukunft noch viel mehr brauchen, ist die Fähigkeit zu einer Frömmigkeit, die Gott auch in einer gleichsam religiös keimfreien Umwelt zu entdecken vermag.

Wir müssen bereit sein, Gott auch dort zu entdecken, wo wir bisher vielleicht nicht gewohnt waren, ihn zu suchen: in den Gesichtern der Menschen, hinter Büroschaltern und unter Uniformmützen, beim nachbarlichen Schwatz über Ferienglück oder Erziehungssorgen, in den Spalten der Zeitungen oder in den Wartezimmern der Arztpraxen.

Wo steht geschrieben, daß Gottes Macht und Liebe an den Türen eines

Neubaublocks haltmacht? Daß es unmöglich ist, Gottes Gegenwart am Arbeitsplatz zu erfahren? Etwa bei einem Arbeitskollegen, der scheinbar nur über seine Krankheit klagt, in Wirklichkeit aber mit Gott ringt, ob sein Leben nun lebenswert ist oder nicht? Oder in einer Konfliktsituation, in der ich mir wie »angenagelt« vorkomme, ohne Hoffnung auf ein gutes Ende? Da wird mir auf einmal der am Kreuz verlassene und angenagelte Jesus neu vor Augen gestellt, und ich begreife, was Nachfolge Jesu konkret heißt.
Es braucht Übung und Phantasie, um auch in banalen und scheinbar unreligiösen Situationen das Wehen des göttlichen Atems zu erkennen. Wir brauchen gleichsam eine *»Mystik des Alltags«*, die mitten im atheistischen Milieu Gotteserfahrungen machen kann. Gerade in unserer angeblich gottverlassenen Welt wird es darauf ankommen, daß wir gläubig auf die vielfachen Zeichen der Gegenwart Gottes achten.
Ein zweiter Gedanke weist in die gleiche Richtung einer konkreten, praktischen Alltagsfrömmigkeit:

## 2. Das eigene Leben Gott gehorsam anbieten

Wir wissen, durch Jesus Christus belehrt: Gott will nicht irgend etwas von uns, sondern er will uns selbst. Und wo sind wir mehr bei uns selbst als mitten im Alltag? Also: *der* Gehorsam ist der gottgefälligste, der im Alltag Gott geleistet wird.
Das fängt an beim Stoßgebet am Morgen, wenn der Wecker klingelt – und hört auf bei der geborsamen Annahme von Alter, Krankheit und Sterben. Ich bin davon überzeugt, daß jeder von Euch

ohne Mühe eine ganze Palette von Situationen oder Lebenslasten aufzählen könnte, die er zu bestehen oder zu tragen hat. Ich möchte Euch ermutigen, solche Bewährungen als das anzusehen, was der Apostel Paulus so bezeichnet: Sich selbst als lebendiges Opfer Gott darzubringen. Und er fügt noch hinzu: Das sei für den Christen der wahre und angemessene Gottesdienst (vgl. Röm 12,1).

Damit ist nichts gegen die Gottesdienste gesagt, die wir in unseren Kirchen feiern. Aber es ist vom Apostel in Erinnerung gebracht, was auch heute für den Christen gültig ist: Die Mitfeier des Lebens- und Todesgehorsams Christi in der Meßfeier setzt das eigene gehorsame Lebensopfer des Alltags voraus. Und das kann recht unterschiedliche Gestalt haben: z. B. das Ertragen der Schwächen des Ehepartners, die Annahme von körperlicher Behinderung oder von Einsamkeit, das Aushalten einer ungeliebten Berufssituation, die Härte der Armee- oder Ausbildungszeit, die mich von der Familie trennt, Gutes tun und gut bleiben, ohne dafür belobigt zu werden, die Sorge mit nervösen und schwierigen Kindern, die Last einer Haushaltsführung bei voller Berufsarbeit, die möglichen Probleme, die es am Arbeitsplatz wegen meiner christlichen Einstellung geben kann, und vieles andere mehr.

Soll das alles nichts mit Gott und unserem geistlichen Leben zu tun haben? Ist das nicht im Gegenteil der »Rohstoff« für unsere Hingabe, unseren Gehorsam und unsere Buße, die wir Gott schulden?

Ich hoffe, daß Ihr den folgenden Satz

nicht mißversteht: Vielleicht seid Ihr frömmer, als Ihr denkt! Diese Aussage soll Euch nicht eingebildet machen. Aber es gibt mit Sicherheit unter Euch Bekenner, die den Vergleich mit den urchristlichen Glaubensbekennern nicht zu scheuen brauchen. Und auch ein Martyrium ist nicht immer sofortige Lebenshingabe, es kann auch stückweise Lebenshingabe geben: Hingabe von Lebensqualität, von Chancen und Möglichkeiten, die sich uns scheinbar eröffnen würden ohne Gott und ohne eine klare Gewissensentscheidung. Das Aushalten in einer schwierigen Ehe, die Geduld im Umgang mit Kranken und Alten, der Einsatz von Zeit und Nerven im Gemeindeleben, die Stärke, sich als junger Mensch um der Nachfolge Christi willen gegen die Kameraden, vielleicht sogar gegen die Eltern, zumindest aber gegen den allgemeinen Trend durchzusetzen – das alles hat etwas mit Gottesdienst zu tun.
Aber auch das andere gilt: die Hingabe echter Liebe, die Freude über ein gelungenes Werk oder eine gute Gabe der Natur, die Erfahrung von Solidarität oder selbstloser Freundschaft – auch das ist Anlaß für Dank, Anbetung und Lobpreis. Das alles kann zum Gottesdienst des Alltags werden, ohne den unsere Teilnahme am Sonntagsgottesdienst nur »Schall und Rauch« wäre.
Prüft einmal, was Ihr heute bei der heiligen Messe dem Herrn in die Opferschale aus Eurem Lebensalltag hineinlegen könnt. Da wiegt vielleicht manches schwerer vor Gott, als wir vermuten. Aber manches wird er auch als leeres Stroh zurückweisen. Nicht unsere

frommen Gefühle sind beim Gottesdienst gefragt, sondern unser Leben. Laßt mich noch einen weiteren Hinweis geben, wie Frömmigkeit und Leben zusammenkommen können:

**3. Gemeinsam vor Gott stehen**

Wir hören heute viel von den jungen Kirchen in der sogenannten »Dritten Welt«. Was die Lebendigkeit dieser Kirchen ausmacht, ist meines Erachtens eine neu entdeckte urchristliche Einsicht: Man kann nie allein Christ sein. Dort wird Kirche lebendig, wo Christen den Entschluß fassen: Wir wollen gemeinsam glauben, hoffen und lieben. Wir wollen den Geist Jesu Christi nicht im eigenen Herzen verschließen, sondern wir wollen ihn in unserer Mitte erfahrbar machen, indem wir uns auf ihn berufen: sichtbar, hörbar, greifbar.
Meines Erachtens krankt das Leben in unseren Gemeinden und Familien an einer überempfindlichen Ängstlichkeit, uns nicht gegenseitig religiös zu belästigen. Ich sehe die Gefahr, daß wir in unserer vornehmen religiösen Zurückhaltung geistlich aushungern.
Welche befreiende Wirkung aber geht von der Erfahrung aus, mit einem anderen oder einer Gruppe zusammen zu beten, über meine Erfahrungen mit Gott (oder die angeblich ausbleibenden Erfahrungen mit Gott) zu sprechen, sich im Geist Christi die Hände aufzulegen, sich zu segnen oder segnen zu lassen! Uns bringt nicht allein religiöse Bildungsarbeit weiter, angeregte Geselligkeit in gleichgesinnten Kreisen und das geduldige Anhören von Hunderten von Predigten, sondern *das gemeinsame geistliche Tun* bringt uns weiter. Sicher: »Das

eine sollt ihr tun, ohne das andere zu lassen«, wie die Schrift sagt (Lk 11,42). Aber ich wiederhole öffentlich, was ich den Priestern und Mitarbeitern in der Seelsorge ans Herz gelegt habe: Sie sollen sich nicht so sehr um die Gruppen in der Gemeinde kümmern, die nur unterhalten sein wollen. Wir müssen damit Ernst machen, daß nicht nur die Priester, sondern *wir alle »Geistliche«* sind; daß eine Mutter und ein Vater genauso segnen können wie der Pfarrer; daß das Wort Gottes nicht nur von den Theologen verstanden wird; daß Eheleute ebenso geistlich miteinander leben können wie Ordensleute.

Könnte es nicht z. B. ein zeitgemäßes Freitagsopfer sein, sich am Freitag bewußt mit einem anderen Menschen ausdrücklich im Geist Christi zu vereinen – im Gebet, im Schweigen, im Tun eines gemeinsamen Werkes?

Symbolisch für die *Isolierung der heutigen Menschen* voneinander ist für mich die *Haltung, die wir vor dem Fernseher einnehmen* müssen: Die ganze Familie ist zusammen – aber jeder schaut am anderen vorbei auf einen seelenlosen Apparat. Nichts gegen einen guten Krimi oder einen fröhlichen Film, aber sollten wir nicht mehr uns *gegenseitig* anschauen?

In unserem alltäglichen Miteinander will der Glaube Gestalt annehmen. Die wahren Entscheidungen über die Zukunft der Kirche werden nicht in Rom oder auf Bischofskonferenzen getroffen, sondern in Euren Wohnstuben, an Euren Küchentischen und an den Betten Eurer Kinder. Wenn dort der Geist Christi sich Raum und Ausdruck schaffen kann, wird auch

das Ewige Licht in unseren Kirchen nicht ausgehen.
Laßt uns also *gemeinsam* vor Gott stehen, in den Familien, in den Gemeinden, der Freund zusammen mit der Freundin, der Mann mit seiner Frau, der katholische Christ mit seinen katholischen und evangelischen Freunden und nicht zuletzt wir alle mit unseren Priestern, die auch unser Glaubenszeugnis brauchen wie wir das ihre.
Was den Campesinos Südamerikas mit ihren Basisgruppen, was afrikanischen Christen oder den katholischen Filippinos möglich ist, sollte auch uns Katholiken möglich sein: Wir können uns einander zuwenden und das, was jeder vor Gott allein zu tun oder zu bestehen hat, gemeinsam tun.
Für uns Christen gilt das Wort Jesu: »Alles, was zwei von Euch auf Erden gemeinsam erbitten, werden sie von meinem himmlischen Vater erhalten« (Mt 18,19). Auf *die Gemeinsamkeit im Heiligen Geist* kommt es an – dann verändert sich die Welt.

Liebe Brüder und Schwestern
im Herrn!
Wir haben versucht, die Gestalt einer zeitnahen, weltaufgeschlossenen Frömmigkeit nachzuzeichnen. Noch einmal sei gesagt: Entweder ist unser *ganzes* Leben fromm, d. h. auf Gott hin aufmerksam, oder wir sind überhaupt nicht fromm. Eine Haltung, die meint, nur dann fromm zu sein, wenn man die Welt und den Alltagskram verdrängt, macht auf die Dauer krank. Ihr wißt aus Erfahrung: Kein Lärm ist aufdringlicher als der, den man zu überhören versucht.

Wir brauchen und sollen nicht auf eine Insel der seligen Abgeschiedenheit fliehen, um Gott zu finden. Eine solche Insel gibt es überhaupt nicht. Wir sollen Gott dort suchen, wo er tatsächlich ist: in unserem Alltag. Darum brauchen wir beim Gebet nicht die Augen zu schließen oder die Ohren zu verstopfen oder das Herz abzuschotten. Wir brauchen Gott nur das hinzuhalten, was uns vermeintlich von ihm ablenkt: den Ärger, die Lasten, die unscheinbaren Freuden, kurz – unser Leben. *»Gott, nimm hin...«* Das ist mein kürzestes Stoßgebet, aber mir geht dabei nie der Gebetsstoff aus.
Haben wir heute von einem unwichtigen Thema gesprochen? Ich meine nicht.
Was könnte wichtiger sein als
– Gottes Gegenwart im Alltag zu entdecken,
– das eigene Leben Gott gehorsam anzubieten und
– gemeinsam vor Gott zu stehen und seinem Geist in unserer Mitte Raum zu geben.

Zu solchem Tun segne Euch der allmächtige Gott: der Vater, der Sohn und der Heilige Geist.

Euer Bischof
+ Joachim Wanke

# *Kurzbiographien geistlicher Meister*

Viele weitere, z. T. auch sehr
bedeutende geistliche Meister wie etwa
Bernhard von Clairvaux, Meister Eckhart,
Ignatius von Loyola usw., konnten
in dieser kleinen Schrift nicht
zu Wort kommen.

**Aurelius Augustinus**
(354–430)

geboren in Tagaste (Nordafrika) als Sohn eines ungetauften Beamten und der Christin Monika – wärend des Studiums der Rhetorik und Philosophie und einer schnellen Karriere bis zum Meister der Rhetorik in Mailand ungezügeltes Ausleben aller Leidenschaften - mit 33 Jahren Bekehrung und Taufe – auf Wunsch des Volkes von Hippo Priesterweihe und Übernahme des Bischofsstuhls – sein umfangreiches Schrifttum wird zur Fundgrube für die Theologen der späteren Jahrhunderte; die geistlichen Meister vor allem des Mittelalters sehen in ihm ihren Vorbeter und Lehrer – bald als Heiliger und Kirchenlehrer verehrt. Geistliches Hauptwerk:
*Die Bekenntnisse (Confessiones)*

**Caterina von Siena**
(1347–1380)

als 23. Kind einer großen Familie in Siena geboren – 15jährig wird sie Dominikanerterziarin und widmet sich der Pflege von Armen und Kranken – mit geistlicher Ausstrahlungskraft sammelt sie einen großen Freundeskreis um sich – umfangreiche geistliche Korrespondenz mit Menschen aller Stände und Schichten – bewegt Papst Gregor XI., von Avignon nach Rom zurückzukehren – ihr Lebenswerk sieht sie in der Niederschrift des »Buches«, in welchem sie das geistliche Leben als einen »Herzenstausch«, als Aufgeben des Eigenwillens und Sich-Einlassen auf den Willen Christi, beschreibt – nach schwerer Krankheit bereits mit 33 Jahren gestorben – 1970 zusammen mit Teresa von Ávila zur Kirchenlehrerin erhoben.
Geistliche Hauptwerke:
*Das Buch der göttlichen Vorsehung; Briefe*

**Elisabeth von Dijon**
(1880–1906)

Tochter einer Offiziersfamilie in Burgund – bereits anerkannte Klaviervirtuosin, tritt sie mit 21 Jahren in den Karmel von Dijon ein – in den nur 5 Klosterjahren bis zu ihrem Tod wird sie durch ihre Briefe für viele aus dem Verwandten- und Freundeskreis zur Seelenführerin – der Theologe Hans Urs von Balthasar nennt sie und Therese von Lisieux »Schwestern im Geist« – in schlichter Sprache lehrt sie, im Alltäglichen das Göttliche zu sehen, mitten in der Welt in Freundschaft mit Christus zu leben und ein »Lobpreis Seiner Herrlichkeit« zu werden – 1984 seliggesprochen.
Geistliches Hauptwerk: *Briefe*

**Franz von Sales**
(1567–1622)

vornehmer Herkunft (Schloß Sales in Savoyen) – nach Studium der Theologie und der Rechte Priesterweihe, gegen die Pläne seines Vaters – mit 35 Jahren Bischof von Genf, als solcher bemüht, das Bistum im Geist des Konzils von Trient zu erneuern – Seelenführer für viele – geistliche Freundschaft mit Johanna Franziska von Chantal – die Kardinalswürde und Berufung nach Paris lehnt er ab, um sich als Einsiedler und geistlicher Schriftsteller zurückzuziehen, doch kurz zuvor stirbt er – bringt für die Theologie des geistlichen Lebens den Durchbruch zur Reflexion über die Frömmigkeit der Laien – 1685 heiliggesprochen – 1877 zum Kirchenlehrer erhoben.
Geistliche Hauptwerke:
*Philothea – Anleitung zum religiösen Leben; Auf heiligen Bergen – Worte der Seelenführung; Theotimus – Traktat über die Gottesliebe*

**Hildegard von Bingen** (1098–1179)

frühes Interesse für Gebet und klösterliches Leben – 16jährig Gelübde im Benediktinerorden – Gründung des Schwesternklosters Rupertsberg bei Bingen, zu dessen Äbtissin sie gewählt wird – seit dem 42. Lebensjahr Gabe der geistlichen Schau – umfangreiche naturwissenschaftliche und theologische Werke – mehrere Predigtreisen, auf denen sie Volk und Klerus zu geistlicher Wachheit aufruft – im Volk bald als Heilige verehrt.
Geistliche Hauptwerke:
*Wisse die Wege; Das Buch der Lebensverdienste; Welt und Mensch*

**Johannes Tauler** (um 1300–1361)

nur wenige historisch sichere Lebensdaten bekannt – Dominikanerpater in Straßburg – rege Predigttätigkeit und Seelenführung in Straßburg und Basel – in den über 80 erhaltenen Predigten erweist er sich als der »Praktiker« unter den »Deutschen Mystikern«, der »lebmeister«, nicht »lesmeister« sein möchte – wie den andern geistlichen Meistern des Mittelalters im deutschen Sprachraum geht es ihm um die »Geburt Gottes in der Seele«.
Geistliches Hauptwerk: *Predigten*

**Johannes vom Kreuz** (1542–1591)

entbehrungsreiche Kindheit – als 21jähriger Eintritt in den Karmelitenorden – Studium der Theologie und Philosophie in Salamanca, durch persönliche Initiative umfangreiche Studien in der Theologie der Mystik – unter Anleitung Teresas von Ávila Gründung männlicher Reformklöster des Karmel – Spiritual und Beichtvater in den Klöstern der Schwestern und Brüder – in seinen Werken beschreibt er innere Grunderfahrungen des Menschen in der gelebten Freundschaft

mit dem dreifaltigen Gott – seine Schriften werden zur bedeutendsten Quelle für die Theologie des geistlichen Lebens in der Neuzeit – 1726 heiliggesprochen – 1926 zum Kirchenlehrer erhoben.
Geistliche Hauptwerke:
*Aufstieg zum Berg Karmel; Die dunkle Nacht; Geistlicher Gesang; Die lebendige Flamme der Liebe*

**Klaus von Flüe**
(1417–1487)

Schweizer Bauer - nach Militärdienst Heirat mit Dorothea, aus der Ehe gehen zehn Kinder hervor - Bürgermeister und Kantonsrat – im Einvernehmen mit seiner Frau geht er 50jährig als Einsiedler in den »Ranft« bei Flüeli, hier wird er zum Berater in persönlichen, kirchlichen und politischen Angelegenheiten für viele Besucher aus allen Ständen und Schichten – verhindert durch seinen Rat den Bürgerkrieg – 1947 heiliggesprochen.
Geistliches Hauptwerk:
die Anregung zur *Meditationstafel*
(vgl. S. 10ff)

**Lorenz von der Auferstehung**
(1608–1691)

in Lothringen geboren – als Soldat im Dreißigjährigen Krieg – mit 40 Jahren Eintritt in den Karmel in Paris, dort bis zu seinem Tod als Laienbruder in Küche und Werkstatt tätig – die von Besuchern aufgezeichneten Gespräche sowie einige Briefe und Notizen wurden bald nach seinem Tod bekannt und sind eine Perle in der geistlichen Literatur; in einfachster Sprache zeigt Bruder Lorenz, wie der Mensch mitten im Arbeitsalltag in der Gegenwart Gottes leben kann.
Geistliches Hauptwerk:
*Gespräche und Briefe*

**Mechthild von Magdeburg**
(um 1212–1294)

mit 20 Jahren Anschluß an eine Gruppe ehelos in der Welt lebender Frauen (Beginen) in Magdeburg – ermahnte mehrfach Bischof und Klerus zur Wahrhaftigkeit im geistlichen Leben – nach bösen Verleumdungen übersiedelt sie etwa 50jährig in das Benediktinerinnenkloster Helfta (bei Eisleben) – vom Volk als Heilige verehrt.
Geistliches Hauptwerk:
*Das fließende Licht der Gottheit*

**Teilhard de Chardin**
(1881–1951)

in der Auvergne geboren – frühe Liebe zur Natur – mit 18 Jahren Eintritt in den Jesuitenorden, dann Theologiestudium und Priesterweihe – Soldat im Ersten Weltkrieg – Studium der Naturwissenschaften, Promotion an der Sorbonne – 1920 Lehrstuhlinhaber für Geologie in Paris – viele Forschungsreisen in alle Teile der Welt, u. a. führend beteiligt bei den Ausgrabungen des »China-Menschen« – versucht leidenschaftlich, die Erkenntnisse der Naturwissenschaften mit der Schöpfungs- und Erlösungslehre zusammenzudenken, dabei viel Unverständnis und Anfeindung aus dem Raum der Kirche – erst nach seinem Tod in New York und im Zuge des Erneuerungsprozesses der katholischen Kirche durch das Zweite Vatikanische Konzil findet sein reiches Schrifttum Aufmerksamkeit – eröffnet der Theologie des geistlichen Lebens den Blick auf den »kosmischen Christus«.
Geistliches Hauptwerk:
*Der Göttliche Bereich – ein Entwurf des inneren Lebens*

**Teresa von Ávila** (1515–1582)

nach einer Kinder- und Jugendzeit, die sie als »eitel« bezeichnet, Eintritt in das Karmelitinnenkloster in Ávila – nach Jahren schwerer Krankheit und einem als »mittelmäßig« empfundenen Ordensleben Bekehrung und Hinwendung zum inneren Gebet im Alter von 40 Jahren – Gründung eines Reformordens des Karmel auf der Grundlage der »ursprünglichen Regel«, bis zu ihrem Tod Errichtung von 17 Frauen- und zwei Männerklöstern – auf Geheiß des Beichtvaters schreibt sie ihre geistliche Entwicklung nieder, es folgen weitere Schriften, in denen sie das geistliche Leben als einen Prozeß des Reifens in der Freundschaft mit Jesus Christus beschreibt – 1622 heiliggesprochen – 1970 verleiht Paul VI. ihr und Caterina von Siena als ersten Frauen in der Geschichte den Titel Kirchenlehrer.
Geistliche Hauptwerke:
*Autobiographie; Weg der Vollkommenheit; Die Innere Burg*

**Therese von Lisieux** (1873–1897)

nach dem frühen Tod der Mutter äußerlich glückliche, aber von innerem Leid geprägte Kindheit – mit 15 Jahren Eintritt in das Karmelitinnenkloster in Lisieux – Gehilfin bei der Einführung der Novizinnen ins geistliche Leben – mehrere Jahre Krankenlager und früher Tod im Alter von 24 Jahren – auf Geheiß der Priorinnen schreibt sie die Geschichte ihrer geistlichen Entwicklung nieder, die bald nach ihrem Tod große Verbreitung findet – sieht das geistliche Leben als den »kleinen Weg« des Vertrauens in die Liebe Gottes – 1925 heiliggesprochen.
Geistliches Hauptwerk:
*Selbstbiographische Schriften*

# Quellenangaben


Franz von Sales, Philothea – Anleitung zum religiösen Leben, übers. u. hrsg. v. Otto Karrer, Leipzig $^{2}$1959, 16f

Therese von Lisieux, Briefe. Deutsche authentische Ausgabe, Leutersdorf $^{2}$1977, 251 (Brief vom 19. 8. 1894)

Franz von Sales, Philothea – Anleitung zum religiösen Leben, übers. u. hrsg. v. Otto Karrer, Leipzig $^{2}$1959, 13–17

Nicolas Herman (Bruder Lorenz von der Auferstehung), Die wahre Freude. Gespräche, Aufzeichnungen, Briefe, Zürich 1969, 41 u. 51

Johannes vom Kreuz, Empor den Karmelberg (Aufstieg zum Berg Karmel), Sämtliche Werke, Bd. 1, übertragen v. Oda Schneider, Einsiedeln 1964, 5–7 (Prolog, 3–6)

Teilhard de Chardin, Der Göttliche Bereich. Ein Entwurf des inneren Lebens, Olten 1962, 110–112

Das Leben der heiligen Theresia von Jesu (Autobiographie), übers. v. Aloysius Alkofer, Sämtliche Schriften der hl. Theresia von Jesu, Bd. 1, München $^{5}$1979, 208f (Kap. 22,6f)

Aurelius Augustinus, Ausgewählte Briefe, hrsg. v. Hans-Joachim Diesner, übers. v. Alfred Hoffmann, Leipzig 1966, 277ff (Brief an Proba, VIII–X)

Caterina von Siena, Dreierlei Arten des Gebets, zitiert bei: Das Leben aus dem Geist, Bd. 2: Katholische Zeugnisse über das geistliche Leben, hrsg. v. R.-Friedemann Edel u. Wilhelm Schamoni, Marburg $^{3}$1975, 63f

Elisabeth von Dijon, Worte und Briefe, München 1966, 19 (Brief an Francoise de Sourdon)

Nachfolge Christi, nach der Übers. v. Bischof Johann M. Sailer, Leipzig $^{18}$1988, 224 u. 192

Johannes Tauler, Predigten, übertr. u. hrsg. v. Georg Hofmann, Einsiedeln 1979, Bd. 1, 205


*Z. T. ist der Wortlaut der Texte an andere Übersetzungen angeglichen.*

## Verzeichnis der Abbildungen

Umschlagfoto: Fenster im Gemeindehaus Wünstorf
Entwurf: Klaus Kilian, Braunschweig
Ausführung: Glasmalerei Otto Peters, Paderborn
Seite 7: Mosaikkreuz in der Apsis von Sant Apolliare in Classe Ravenna, 6. Jh. Scala Istituto Fotografico Editoriale, Antella Italien.
Seite 10 und 11: Der Gekreuzigte, Johannes vom Kreuz, 1572, im Monastero, dell' Incarnazione, Ávila (Spanien)
Seite 17: Meditationstafel des hl. Bruder Klaus v. Flüe, um 1480.
J. Reinhard, Sachseln – Schweiz.
Seite 29: Cruzifixus, Neumünster zu Würzburg.
Hans Heer, Würzburg.
Seite 33: Die Barmherzigkeit, süddeutsche Holzplastik um 1350.
Kunstverlag Frauenwörth.
Seite 35: Die wahre Dreiheit in der wahren Einheit, Hildegard von Bingen, Wisse die Wege, © Otto Müller Verlag, Salzburg 1994.
Seite 37: Christus in der Rast, um 1500, Dreifaltigkeitskirche zu Görlitz.
Jürgen Pietsch, Spröda.
Seite 49: Christus-Johannes-Gruppe, Passionsfenster des Doms zu Erfurt.
Edda Henning, Vilsbiburg.
Seite 53: Pieta, Dom zu Erfurt.
Edda Henning, Vilsbiburg.
Seite 59: Dreifaltigkeitsikone von Andrej Rubljew, Tretjakowgalerie Moskau.
Sächsische Landesbibliothek,
Staats- und Universitätsbibliothek Dresden
Dezernat Deutsche Fotothek.

Die Deutsche Bibliothek - CIP Einheitsaufnahme

Körner, Reinhard:
Geistlich leben / Reinhard Körner. - 2. Aufl. -
Leipzig : Benno, 1997
ISBN 3-7462-1230-8


2. Auflage 1997
Herstellung: Tiskárny Vimperk, a. s.